Selbstvertrauen

ROS TAYLOR

Selbstvertrauen

Wie Sie Selbstbewusstsein gewinnen und Ihre innere Zuversicht stärken

Übersetzt von
Nikolas Bertheau

GABAL

A Dorling Kindersley Book
www.dk.com

Bibliografische Information der Deutschen Nationalbibliothek
Die Deutsche Nationalbibliothek verzeichnet diese Publikation in der Deutschen Nationalbibliografie; detaillierte bibliografische Informationen sind im Internet über http://dnb.d-nb.de abrufbar.

Titel der englischen Originalausgabe: Develop Confidence. Build a positive approach to life and work

ISBN 978-3-86936-020-1

Lektorat: Anke Schild, Hamburg
Satz: Das Herstellungsbüro, Hamburg, www.buch-herstellungsbuero.de
Umschlaggestaltung: Martin Zech, www.martinzech.de
Umschlagfoto: CarolinaJG/morguefile

www.gabal-verlag.de

Inhalt

Einführung

Zuversicht und Selbstvertrauen sind der Schlüssel zu einem erfolgreichen und glücklichen Leben – ohne Selbstvertrauen geht es nicht, ganz gleich, in welcher Lebenslage Sie gerade sind. Wer den Tag zuversichtlich beginnt, tut sich leichter damit, Entscheidungen zu treffen, Freundschaften zu schließen, Beziehungen aufzubauen und beruflichen Erfolg zu erringen.

Zuversicht lässt sich jedoch nicht kaufen und das Wissen um die mangelnde eigene Zuversicht macht das Leben häufig noch schwerer. Was also können Sie tun? Dieses Büchlein hilft Ihnen, Bereiche zu erkennen, in denen es Ihnen an Selbstvertrauen mangelt, damit Sie anschließend Ihr Selbstbewusstsein aufbauen und nutzen können. Es handelt vom inneren Selbstwertgefühl, davon, wie man einen guten ersten Eindruck hinterlässt, von privaten und beruflichen Beziehungen und von einer Zukunft, die ganz im Zeichen der neu gewonnenen Zuversicht steht. Jedes der fünf Kapitel umfasst Fallstudien, Tipps und einfache Techniken, die Sie sich

aneignen können, um Ihr Bewusstsein für die eigenen Verhaltensweisen und Gewohnheiten zu schärfen und Ihr Selbstvertrauen im Umgang mit sich selbst und anderen Menschen zu festigen und zu stärken.

Zuversicht wächst aus sich selbst heraus – bringen Sie die Saat aus und erleben Sie, wie sie gedeiht.

Zuversicht schafft Motivation. Wer motiviert ist, tritt überzeugender auf und erzeugt einen nachhaltigeren ersten Eindruck; er zieht andere mit seiner Energie mit und findet leichter Mitstreiter. Sie werden feststellen, dass Ihr neu gewonnenes Selbstbewusstsein Ihre Lebensqualität verbessert und Wünsche in Erfüllung gehen lässt – Erfolg und Zuversicht verstärken sich gegenseitig.

Vielleicht ist es sogar unabdingbar, dass Sie Ihr Leben verändern und sich von Denkweisen verabschieden, die Sie über Jahre lieb gewonnen haben. Machen Sie sich deshalb klar: Nichts und niemand kann Sie daran hindern, dem Leben zuversichtlich entgegenzublicken. Mit der Zuversicht wird Ihr Mut wachsen – und Mut ist die beste Voraussetzung dafür, dass Ihnen in Zukunft gelingen wird, was immer Sie anpacken.

Bestandsaufnahme

Testen Sie Ihr Selbstbewusstsein, indem Sie die folgenden Fragen gewissenhaft beantworten. Auf diese Weise erkennen Sie, in welchen Bereichen Sie aktiv werden sollten und wer Ihnen dabei helfen kann. Stellen Sie sich vor, wie sich die unterschiedlichen Bereiche Ihres Lebens anfühlen würden, wenn Sie mehr Selbstvertrauen haben. Absolvieren Sie die Übung ein erstes Mal, bevor Sie das Büchlein lesen, und ein zweites Mal, nachdem Sie es gelesen haben.

Vorher Nachher

1 Wie fühlen Sie sich, wenn Sie einen Raum voller Menschen zum ersten Mal betreten? ☐ ☐

A Verunsichert – ich fühle mich von allen beobachtet.
B Nervös – ich suche nach einem bekannten Gesicht.
C Angeregt – so viele interessante Leute, mit denen ich sprechen kann.

2 Was geht in Ihrem Kopf vor, wenn Ihnen gesellschaftliche oder berufliche Auftritte bevorstehen? ☐ ☐

A Ich versuche mich auf das Schlimmste vorzubereiten, indem ich überlege, was alles schiefgehen kann.
B Ich versuche, nicht daran zu denken – das würde mich nur verunsichern.
C Ich mache mir zu meiner Beruhigung einen Plan, wie ich mit der Situation fertig werde.

3 Wie reagieren Sie, wenn Sie gebeten werden, vor 50 Mitarbeitern aus Ihrer Abteilung zu sprechen? ☐ ☐

A Ich versuche mit allen Mitteln, einen solchen Auftritt zu vermeiden.
B Ich sage erst einmal, dass ich es mir überlegen müsste.
C Ich willige ohne Zögern ein und beginne mit der Vorbereitung.

Vorher Nachher

4 **Was tun Sie, wenn ein enger Freund Ihr Verhalten kritisiert?**

A Ich reagiere empört – ein Freund ist, wer zu mir hält.

B Ich bedanke mich für den Tipp, bin aber doch eingeschnappt.

C Ich überlege, ob die Kritik berechtigt ist und ich sie beherzigen sollte.

5 **Es ist Ihr Geburtstag, Sie wollen ausgehen. Ihr Partner erscheint in Alltagskleidung. Wie reagieren Sie?**

A Ich akzeptiere ihn, wie er ist, und sage kein Wort.

B Ich akzeptiere ihn, wie er ist – wer bin ich denn, darüber zu urteilen?

C Ich schlage ihm vor, sich doch schick zu machen.

6 **Was tun Sie, wenn Sie zu einem Kostümfest geladen sind und bei Ihrem Eintreffen feststellen, dass alle außer Ihnen Abendgarderobe tragen?**

A Ich mache sofort kehrt.

B Ich bleibe, fühle mich aber nicht wohl in meiner Haut.

C Ich mache mir keine weiteren Gedanken und genieße den Abend.

7 **Wie fühlen Sie sich, wenn Sie sich um einen leitenden Posten in Ihrem Unternehmen bewerben und zusehen müssen, wie ein Kollege ihn bekommt?**

A Beschämt – wie konnte ich denken, dass der Job etwas für mich wäre?

B Verschüchtert – ich werde es nicht wieder probieren.

C Neugierig – ich will die Gründe wissen, damit ich es das nächste Mal besser machen kann.

8 **Welche Rolle spielen Sie, wenn Sie unter Menschen sind?**

A Ich spreche mit den Leuten, die ich kenne, aber meide das Gespräch mit Leuten, die ich nicht kenne.

B Ich höre den Gesprächen so lange zu, bis sich mir ein Anknüpfungspunkt für eine Beteiligung bietet.

C Ich bin gern unter Menschen und versuche, mit jedermann ins Gespräch zu kommen.

Vorher Nachher

9 **Eine erste Verabredung verlief gut, aber dann hören Sie drei Tage lang nichts. Was unternehmen Sie?**

A Nichts – es schmerzt mich, dass der andere sich nicht für mich interessiert.

B Ich rufe an und frage, warum sich der andere nicht mehr gemeldet hat.

C Ich rufe an und schlage ein weiteres Treffen vor – diesmal allerdings in größerer Runde.

10 **Was tun Sie, wenn Sie eine wichtige Entscheidung treffen müssen?**

A Ich brüte mehrere Tage darüber und treffe die Entscheidung im letzten Augenblick.

B Ich frage mehrere Leute, ob sie meine Entscheidung für richtig halten.

C Ich hole mehrere Meinungen ein und bilde mir dann ein Urteil.

11 **Ein Freund platzt herein, während Sie gerade mit einer Person sprechen, die Sie attraktiv finden. Wie reagieren Sie?**

A Ich breche das Gespräch ab.

B Ich frage den Störenfried unter vier Augen, warum er unbedingt jetzt hereinplatzen muss.

C Ich leite elegant über zu einem Gespräch aller drei Anwesenden.

12 **Sie haben ein Lebensziel für die ferne Zukunft. Was tun Sie, um es zu verwirklichen?**

A Ich mache so weiter wie bisher; es ist sinnlos, so weit vorauszudenken.

B Ich denke regelmäßig daran, habe aber bisher noch nichts in dieser Richtung unternommen.

C Ich habe einen Plan, wie ich dorthin gelange, und überprüfe regelmäßig, wo ich stehe.

Gesamt

	A	B	C
Vorher			
Nachher			

Auswertung

Überwiegend A-Antworten

Nicht nur mangelt es Ihnen an Zuversicht und Selbstvertrauen – Sie wissen es auch und vermeiden diffizile Situationen. Sie haben das Gefühl, dass das Leben mit Ihnen macht, was es will, ohne dass Sie es großartig beeinflussen könnten. Sie sollten Ihre Ängste abbauen und erkennen, dass Sie selbst aktiv werden müssen, wenn Sie wollen, dass aus Ihren Träumen Wirklichkeit wird. Fangen Sie klein an und stärken Sie schrittweise Ihr Selbstbewusstsein.

Überwiegend B-Antworten

Dass es Ihnen an Selbstvertrauen und Zuversicht mangelt, merkt man Ihnen nicht sofort an. Sie neigen jedoch dazu, Entscheidungen hinauszuzögern und Ihre wahren Gefühle und Ihre latente Unsicherheit hinter einer selbstbewussten Fassade zu verbergen. Sie sollten Ihr Selbstwertgefühl stärken, damit Sie auch in schwierigen Situationen gelassen bleiben. Je besser Sie wissen, wer Sie sind und was Sie wollen, desto souveräner meistern Sie Ihr Leben.

Überwiegend C-Antworten

In den meisten Situationen mangelt es Ihnen nicht an Zuversicht und Selbstvertrauen. Sie sind jedoch in Gefahr, den Blick allzu sehr geradeaus zu richten und Chancen und Herausforderungen zu übersehen, die das Leben für Sie am Rande des Weges bereithält. Gerade weil Sie immer so gründlich sind und Ihr Vorgehen im Detail planen, müssen Sie aufpassen, dass genug Raum für Spontaneität bleibt. Indem Sie gezielter darauf achten, wie Sie funktionieren und woher Sie Ihre Zuversicht nehmen, machen Sie Ihr Leben noch anregender und spannender.

Noch ein Wort zu Ihrem Ergebnis …

Wenn Sie den Fragebogen zum ersten Mal ausgefüllt haben, sollten Sie Ihre Antworten noch einmal auf Bereiche überprüfen, in denen Sie Verbesserungsbedarf sehen. Lesen Sie das Buch, machen Sie die Übungen und beherzigen Sie die Tipps. Beobachten Sie die Wirkung der einzelnen Maßnahmen. Nachdem Sie das Buch gelesen und sich mit den beschriebenen Techniken vertraut gemacht haben, sollten Sie den Fragebogen ein zweites Mal ausfüllen – Sie werden feststellen, dass Sie weniger A-Antworten und eine ausgewogenere Mischung aus B- und C-Antworten erhalten.

1

Ausstrahlung

Der erste Eindruck ist stets der wichtigste. Wer Ihnen zum ersten Mal begegnet, macht sich auf der Grundlage Ihrer äußeren Erscheinung, Ihrer Körpersprache und der Art, wie Sie Blickkontakt aufnehmen und Ihr Gegenüber grüßen, ein Bild von Ihnen. Für einen positiven Eindruck ist weit weniger Zeit erforderlich, als Sie möglicherweise annehmen. Dieses Kapitel zeigt Ihnen, wie Sie:

- einen guten ersten Eindruck erzeugen,
- Ihre Körpersprache einschätzen und verbessern,
- die Körpersprache anderer Menschen verstehen,
- aus sich selbst das Beste machen,
- von Ihrem neuen Selbstvertrauen profitieren.

Der erste Eindruck

Für einen guten ersten Eindruck haben Sie 30 Sekunden Zeit, für einen schlechten nicht mehr als fünf. Entscheidend sind in erster Linie optische Kriterien: Erscheinungsbild, Kleidung, Gesten und Körpersprache.

Eindruck erzeugen

So brutal es klingt – mehr Zeit bleibt Ihnen nicht. Vielleicht wäre es schöner, wenn sich die Menschen mehr Zeit lassen würden, um das Wesen eines anderen kennenzulernen, bevor sie sich ein Urteil über ihn bilden. Aber das Leben funktioniert anders. Sobald Sie die Bühne betreten, erhalten Sie Ihre Rolle zugewiesen. Denken Sie an Ihre letzte neue Bekanntschaft – wie lange benötigten Sie, um sich ein Bild von der anderen Person zu machen? Achten Sie bei der nächsten Gelegenheit bewusst darauf. Was muss geschehen, damit Sie einen ersten negativen Eindruck später noch einmal korrigieren?

> **Der erste Eindruck ist immer der nachhaltigste.**

Testen Sie sich selbst

Sie können den Grad Ihres Selbstbewusstseins auf unterschiedliche Weise testen. Überlegen Sie, wo Sie sich selbst auf einer Skala von 0 für minimale Zuversicht bis 10 für maximale Zuversicht einordnen würden. Stellen Sie sich zudem folgende Fragen:

- In welchen Situationen fühle ich mich besonders zuversichtlich?
- In welchen Situationen wird mein Mangel an Selbstvertrauen am offensichtlichsten?

Die Antworten auf diese Fragen liefern Ihnen den Schlüssel zur Verbesserung Ihrer Gesamtsituation. Bewahren Sie diesen Schlüssel gut auf. Bitten Sie einen Freund, Ihnen bei Ihrer Positionsbestimmung zu Beginn der Lektüre des Büchleins und im Anschluss daran zu helfen.

Verkaufen Sie sich selbst

Stellen Sie sich vor, Sie wollen sich selbst wie ein Produkt vermarkten und verkaufen. Entwerfen Sie im Geiste einen Werbefilm von 30 Sekunden über sich selbst. Sobald Sie sich objektiv betrachten, werden Sie feststellen, dass Sie für andere Menschen »attraktiver« sind, als Sie gedacht hätten.

Beschreiben Sie Ihre Talente, persönlichen Merkmale, Fähigkeiten und Besonderheiten. Versetzen Sie sich in einen Verkäufer, der von seinem Produkt – also von Ihnen – begeistert ist. Sie müssen die richtigen Verkaufsargumente und Verpackungen wählen, um sich auf dem Markt optimal zu positionieren.

- ➡ Wie lautet Ihre Kernbotschaft?
- ➡ Gelingt es Ihnen, sich selbst mit pointierten Argumenten anzupreisen?
- ➡ Enthält Ihre Werbebotschaft irgendwelche negativen, defensiven oder selbstkritischen Anklänge?
- ➡ Nutzen Sie Ihre 30 Sekunden optimal aus oder nehmen unwichtige Details zu viel Raum ein?
- ➡ Hat Ihre Präsentation den Effekt, dass der Betrachter Sie im Gedächtnis behält, Ihnen gegenüber Sympathie entwickelt und möglicherweise zu dem Entschluss kommt, Sie beschäftigen zu wollen?

Selbstpräsentation

POSITIVE WIRKUNG

- Werden Sie sich Ihrer besonderen Qualitäten bewusst
- Machen Sie aus Ihren Talenten das Bestmögliche und bauen Sie sie weiter aus
- Ermuntern Sie andere zu Feedback und hören Sie aufmerksam zu

NEGATIVE WIRKUNG

- Sich selbst permanent schlechtmachen
- Ohne Not zu dem Schluss kommen, dass die eigenen Fähigkeiten nicht ausreichen
- Feedback als Kritik auffassen und sich dagegen verschließen

TIPP **Ein kurzer Augenblick kann mitunter einen lebenslangen Eindruck hinterlassen. Bereiten Sie sich deshalb ausreichend vor.**

Körpersprache verstehen

Körpersprachliche Signale sind für einen positiven ersten Eindruck von entscheidender Bedeutung. Achten Sie beim Sprechen deshalb darauf. Was verrät Ihnen die Körpersprache Ihrer Gesprächspartner? Wichtig ist, dass Sie die Körpersprache aktiv und passiv beherrschen.

Nonverbale Kommunikation

Eine klassische Theorie zur Wirksamkeit der verbalen Kommunikation stammt von dem namhaften Psychologen Albert Mehrabian. Wie in dem unten stehenden Diagramm dargestellt, macht das gesprochene Wort nur 7 Prozent der Gesamtwirkung aus, während die menschliche Stimme – Sprechweise, Klang, Melodie und Tonfall – für 38 Prozent verantwortlich ist. Den größten Anteil hat mit 55 Prozent die nichtverbale Kommunikation – mit anderen Worten: die Körpersprache.

Hören Sie mit den Augen

Der Blick, die Mimik und die Haltung vermitteln eine Fülle an Informationen. Schätzungen zufolge spricht der Mensch im Durchschnitt nur zwölf Minuten täglich; die übrige Kommunikation findet über Gesten statt. Ein geübter Beobachter kann allein aus den Gesten eines Menschen herauslesen, was er gerade erzählt, selbst wenn er die Worte nicht hört.

Übermittelte Botschaften

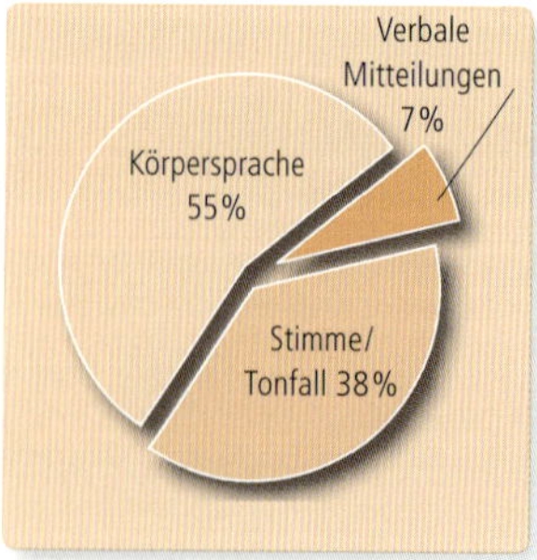

Sprechender Körper Wie dieses Tortendiagramm zeigt, wird nur ein überraschend geringer Teil dessen, was wir als »Sprache« bezeichnen, über das gesprochene Wort vermittelt.

TIPP **Selbstbewusste Menschen nutzen den Blickkontakt als wirkungsvolles Kommunikationsmittel.**

Mit dem Körper sprechen

Testen Sie, wie viele dieser nonverbalen Signale Sie verstehen. Suchen Sie nicht nach absolut »richtigen« Antworten, sondern konzentrieren Sie sich auf die Unterschiede zwischen den dargestellten Körperhaltungen.

Studieren Sie die Gesten der Strichmännchen. Versuchen Sie, möglichst viele Körperhaltungen zu interpretieren, bevor Sie die vorgeschlagenen Antworten lesen. Indem Sie sich Haltung und Gesten anderer Menschen bewusst machen, erweitern Sie Ihr eigenes körpersprachliches Vokabular. Das wird Ihnen spätestens dann von Nutzen sein, wenn Sie das nächste Mal ein Einstellungsgespräch führen, einen Vortrag halten oder gesellschaftliche Kontakte pflegen. Sie werden lernen, wie Sie die unterschiedlichsten Signale lesen können, wobei die Interpretation stets auch vom Situationskontext abhängt.

Interpretation

A Denkend, sinnend. Gesicht nach oben, kein Blickkontakt.
B Starker Gefühlsausdruck – freudig oder ängstlich.
C Entspannte Haltung, die Hand locker aufgestützt. Selbstsicher, fast frech.
D Verstohlen, auf frischer Tat ertappt. Runder Rücken, gebeugte Knie.
E Einladend, entgegenkommend. Arme zur Umarmung ausgestreckt.
F Schüchtern, kokettierend. Gesicht nach unten gewandt, kein Blickkontakt.
G Drohend, aufgebracht, genervt. Ausholende Gesten signalisieren starke Gefühle.
H Verlegen, mutlos. Der gebeugte Rücken signalisiert Unsicherheit.

Körpersprache einsetzen

Nachdem Sie gesehen haben, wie wichtig es ist, die Körpersprache anderer Menschen richtig zu interpretieren, sollen Sie nun lernen, die eigene kontrolliert einzusetzen. Nur so werden Ihre Botschaften richtig verstanden.

Souveräne Haltung

Einen entscheidenden Teil Ihrer Botschaft vermitteln Sie über Ihre Körperhaltung. Selbstbewusste Menschen verwenden eine offene, sichere Körpersprache; sie stehen aufrecht und entspannt und suchen den Blickkontakt. Eine solche Haltung stärkt nicht nur Ihr Selbstvertrauen, sondern wirkt sich auch positiv auf Ihren Körper aus. Bei der passiven Körperhaltung stehen Sie gebeugt und in sich gekehrt und vermeiden den Blickkontakt. Hier neigt der Körper zur Verkrampfung, und er muss mehr Energie aufwenden, um seine natürlichen Funktionen wahrzunehmen. Bei einer aggressiven Haltung kommen geballte Fäuste, ein fixierender Blick und ein verkrampfter Oberkörper hinzu. Neben der negativen Wirkung auf andere drückt eine solche Haltung zusätzlich auf Ihre eigene Stimmung. Oder anders gesagt: Auch wenn Sie gerade nicht vor Zuversicht strotzen, können Sie Ihre Situation häufig allein schon dadurch verbessern, dass Sie sich zu einer selbstbewussteren Körperhaltung durchringen.

5 Minuten Lösung

Wenn es Ihnen in einer Situation an Selbstbewusstsein mangelt, können Sie mit folgenden Autosuggestionen eine souveränere Körperhaltung erzielen:

- Ich bin eine Marionette, und der Puppenspieler zieht mich an Kopf und Schultern sacht in die Höhe.
- Ich wirke zuversichtlich und interessiert, und genauso fühle ich mich auch.

Offener Blick

Das Gesicht gehört zu den ausdrucksstärksten Teilen des Körpers. Es verrät viel über Sie und vermittelt den ersten visuellen Kontakt zwischen Ihnen und einer anderen Person. Möglicherweise ist Ihnen jedoch gar nicht bewusst, welche potenziell irreführenden Botschaften Ihre Mimik vermittelt. Wenn Sie sich im Spiegel betrachten, sehen Sie ein vergleichsweise neutrales Gesicht, weil Sie wissen, welche Gefühle sich dahinter verbergen. Andere erblicken häufig sehr viel mehr Emotionen, als Ihnen lieb ist, und machen sich ihren eigenen Reim darauf. Wenn Sie beispielsweise zur Schüchternheit neigen und einen Raum mit lauter fremden Menschen betreten, kann Ihre verkrampfte Haltung leicht als Gereiztheit oder Desinteresse missverstanden werden – mit der Folge, dass niemand das Gespräch mit Ihnen sucht, um nicht Ihren Unmut zu erregen. Achten Sie auf Ihre Mimik und signalisieren Sie Ihrer Umwelt gegenüber Interesse und Offenheit.

> **Wenn Sie das eine sagen und das andere denken, sollten Sie aufpassen, dass Ihre Körpersprache Sie nicht verrät.**
>
> Gerry King

Fallstudie: Effektives Rollenspiel

Yasim, der im mittleren Management in einem Softwareunternehmen arbeitete, bemühte sich schon seit Langem um eine Beförderung, wurde aber selbst bei Positionen, für die er auf dem Papier die besten Voraussetzungen mitbrachte, ein ums andere Mal übergangen. Nach der dritten Niederlage bekam Yasim Zweifel, ob er sich bei den Vorstellungsgesprächen richtig präsentierte. Er bat seine Freundin Sara, mit ihm ein Einstellungsgespräch nachzuspielen und ihm anschließend zu sagen, wie er wirkte. Beide interviewten sich wechselseitig und filmten ihre Auftritte. Yasim war überrascht, als er seine Körpersprache selbst beobachten konnte.

- *Er begriff, dass seine Art, sich zurückzulehnen, die Beine zu strecken und sein Gegenüber leicht herausfordernd anzublicken, Desinteresse demonstrierte oder gar einen aggressiven Eindruck vermittelte.*
- *Er erkannte, dass seine unkontrollierte Körpersprache mitunter das Gegenteil dessen signalisierte, was er beabsichtigte.*
- *In seinem nächsten Interview achtete Yasim darauf, dass seine Körpersprache Begeisterung zum Ausdruck brachte, indem er sich vorlehnte und seinem Gegenüber ruhig in die Augen schaute. Diesmal bekam er die Stelle sofort.*

Die Bedeutung des Blicks

Die Augen sind der attraktivste Teil des Gesichts – nicht unbedingt aufgrund ihrer Farbe, Größe oder Form, sondern kraft ihres Ausdrucks und ihrer Offenheit. Die Unmittelbarkeit und Intensität des Blickkontakts hängt von der Qualität Ihrer Beziehung zu Ihrem Gesprächspartner ab – von Ihrer (körperlichen und emotionalen) Nähe und den Gefühlen, die Sie dem Betreffenden gegenüber hegen. Ein unverwandter Blick kann Zuneigung, Feindseligkeit oder Furcht zum Ausdruck bringen, wohingegen ein abgewandter Blick Schüchternheit, Überlegenheit oder Unterwürfigkeit signalisieren kann.

Nehmen Sie Ihr Umfeld wahr

Wenn es Ihnen an Selbstbewusstsein mangelt, neigen Sie möglicherweise dazu, beim Betreten eines Raumes unverwandt zu Boden zu schauen. Sie entziehen sich den auf Sie gerichteten Blicken, indem Sie weggucken. Andere nehmen das jedoch eher als ein Zeichen von Unnahbarkeit oder Hochnäsigkeit wahr. Während schüchterne Menschen fürchten mögen, von ihrer Umwelt als uninteressant wahrgenommen zu werden, vermitteln sie dieser Umwelt häufig den Eindruck, sich ihrerseits nicht für diese zu interessieren. Indem Sie sich Ihrer Umwelt zuwenden und öffnen, laden Sie andere Menschen ein, mit Ihnen in Kontakt zu treten.

Nützliche TECHNIKEN

Wenn wir einen Konferenzraum betreten oder einem Menschen zum ersten Mal begegnen, reagieren wir oft schüchtern.

Sie können sich mit folgender Übung Selbstvertrauen einflößen:

1. Sobald Ihr Erscheinen bemerkt wird, begegnen Sie jedem auf Sie gerichteten Blick mit einem kurzen freundlichen Gegenblick, bevor Sie den Blick weiterschweifen lassen.
2. Setzen oder stellen Sie sich mit dem Rücken zur Wand und betrachten Sie das Geschehen, das sich vor Ihnen abspielt, als ein Theaterstück.
3. Machen Sie ein aufmerksames und angeregtes Gesicht. Ihr Selbstvertrauen und Ihr Interesse werden auf die Umstehenden anziehend wirken.

Blicke unterscheiden

Beobachten Sie die Teilnehmer eines Gesprächs aufmerksam, und achten Sie auf darauf, wo sie hinschauen. Stellen Sie fest, wer wann mit wem Blickkontakt aufnimmt. Die Fähigkeit, die über die Blicke ausgetauschten Botschaften richtig zu interpretieren, ist eine wichtige Voraussetzung für jede effektive und einfühlsame Kommunikation.

Zielgerichteter Blick
Wer das Wort ergreift, schaut in die Runde, um sicherzustellen, dass er gehört wird.

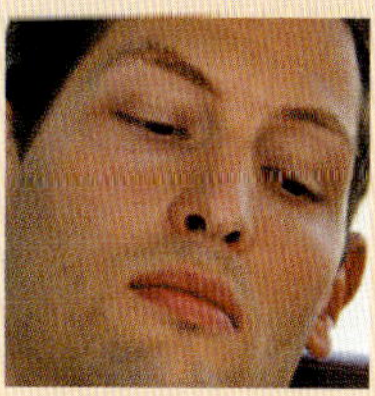

Fortschweifender Blick
Wer nicht hinschaut, ist möglicherweise mit den Gedanken gerade woanders.

Aufmerksamer Blick
Diese Zuhörerin beobachtet die Sprecherin aufmerksam – und ist bereit, das Wort zu übernehmen.

TIPP Trainieren Sie die Kunst des Blicketauschens, indem Sie die Gespräche anderer beobachten. Achten Sie auf die Blickmuster derjenigen, die ihre Zuhörer in den Bann ziehen.

Einfache Schritte

Legen Sie sich eine Checkliste zurecht, mit der Sie Ihre Körpersprache überprüfen können, wann immer Sie sich in einer schwierigen privaten oder beruflichen Situation befinden. Sie brauchen sich nicht sklavisch an die Liste zu halten; dennoch werden Sie feststellen, dass Sie mit jedem Schritt zuversichtlicher werden und mehr Selbstvertrauen ausstrahlen.

- Machen Sie ein freundliches Gesicht. Damit senden Sie nicht nur nach außen hin eine positive Botschaft aus, sondern fördern über die Ausschüttung von Endorphinen auch die eigene Dynamik und die eigene Zufriedenheit.
- Gehen Sie aufrecht und mit erhobenem Haupt, um Selbstbewusstsein zu demonstrieren.
- Schauen Sie jedem in die Augen und hören Sie aufmerksam zu; bekunden Sie Ihr Interesse durch Nicken und andere Reaktionen.
- Ermuntern Sie die Menschen um Sie herum durch eine offene Körperhaltung, mit Ihnen in Kontakt zu treten. Verschränkte Arme wirken wie eine Barriere.

Selbstbewusste Körpersprache

Sie können mit Ihrem Körper Selbstbewusstsein ausstrahlen, auch wenn Sie innerlich gar nicht so souverän sind. Halten Sie sich gerade und schauen Sie Ihrem Gesprächspartner ruhig und fest in die Augen. Allein dadurch wirken Sie bereits zuversichtlich – insbesondere, wenn Sie zugleich auch noch ein freundliches Gesicht aufsetzen. Diese Strategie bildet die Grundlage für Ihr neues Selbstbewusstsein: Jedes Mal, wenn Sie sie anwenden, entfaltet sie ihre positive Wirkung. Gute Angewohnheiten brauchen genauso lange wie schlechte Angewohnheiten, um sich zu verselbstständigen. Wenn Sie Ihre Körpersprache drei Wochen lang bewusst einsetzen, werden Sie nach weiteren neun Wochen feststellen, dass daraus eine Gewohnheit geworden ist. Je stärker Sie sich der Außenwelt und den Menschen um Sie herum zuwenden, desto weniger beschäftigen Sie sich mit sich selbst. Sie werden überrascht sein, wie rasch aus dem gespielten Interesse ein echtes wird, sobald Sie wirklich zuhören, was die Menschen Ihnen zu erzählen haben.

TIPP **Berücksichtigen Sie die je nach Mensch und Kultur unterschiedlichen Grenzen der Privatsphäre. Treten Sie anderen Menschen auch im wörtlichen Sinne nicht zu nahe.**

Gesten

Gesten sind Teil der nonverbalen Kommunikation und in vielerlei Hinsicht ebenso ausdrucksstark wie Worte. Machen Sie sich bewusst, wie, wann und wo Sie sie einsetzen. Die Art, Häufigkeit und Bedeutung einer Handbewegung variiert je nach Kontext und Kultur. Achten Sie darauf, dass Sie in jeder Situation die richtige Geste verwenden – besonders, wenn Sie viel reisen oder mit anderen Kulturen in Kontakt kommen –, um Missverständnisse zu vermeiden. Wiewohl eine allzu ausladende Gestik nicht bei jedem Menschen gut ankommt, sind Gesten aus der alltäglichen Kommunikation nicht wegzudenken. Sobald Sie jemandem etwas erklären wollen, dessen Sprache Sie nicht perfekt beherrschen, werden Sie feststellen, wie hilfreich Gesten sein können. Unbewusste Gesten wie das Herumfummeln am Hemdsärmel oder unruhiges Füßescharren können Ihre wahren Gefühle verraten, obwohl Sie versuchen, ein interessiertes Gesicht aufzusetzen. Machen Sie sich klar, wie viel Informationen Gesicht und Körper preisgeben, ohne dass ein einziges Wort über Ihre Lippen kommt.

Positive Spirale

Blicken Sie zuversichtlich in die Runde, sobald Sie einen Raum betreten

↓

Erwidern Sie die auf Sie gerichteten Blicke mit einem freundlichen Gesicht, als hätten Sie das Selbstvertrauen bereits gepachtet

↓

Die weniger Selbstbewussten werden sich von Ihnen angezogen fühlen, in der Erwartung, mit Ihrer Souveränität die eigene Unsicherheit überspielen zu können

↓

Sobald Sie im Mittelpunkt einer Gruppe stehen, werden auch die Selbstbewussteren unter den Anwesenden neugierig auf Sie werden

Gesichtsausdruck

Welches Gesicht Sie machen, hat auch Einfluss auf Ihre eigenen Gefühle. Ein unsicheres äußeres Auftreten bringt Sie auch innerlich in die Defensive – mit allen negativen Konsequenzen, die eine negative innere Einstellung haben kann.

Demonstrieren Sie Selbstbewusstsein

Die Art, wie Sie sich kleiden und präsentieren, kann anderen und Ihnen selbst einen falschen Eindruck vermitteln. Stellen Sie sich in Alltagskleidung, beispielsweise in einer abgetragenen Jeans, vor einen Spiegel, und beschreiben Sie, was Sie sehen. Legen Sie anschließend Ihr bestes Outfit an – beispielsweise einen Anzug oder ein Kostüm – und betrachten Sie sich erneut im Spiegel. Entspricht das Bild, das Sie sehen, Ihrer Erwartung? Fühlen Sie sich in der guten Kleidung anders – selbstbewusster oder unsicherer – als in der Alltagskleidung? Machen Sie sich bewusst, welches Bild Sie aktuell vermitteln und welches Sie künftig vermitteln wollen. Nachdem Sie sich zunächst um Ihre innere Einstellung gekümmert haben, sollten Sie jetzt auch an Ihrem äußeren Erscheinungsbild arbeiten.

Es kommt auf die Situation an Welcher dieser beiden Bewerber passender gekleidet ist, hängt ganz von der Stelle ab, für die sie sich bewerben.

Die passende Kleidung

POSITIVE WIRKUNG

- Legen Sie sich Kleidung zu, die zu Ihnen passt und Ihre besten Eigenschaften hervorhebt
- Überlassen Sie die Kleiderauswahl nicht komplett anderen, sondern verleihen Sie Ihrem eigenen Stilempfinden Ausdruck
- Werfen Sie einen Blick auf Ihre vorhandene Garderobe, und stellen Sie fest, was Ihnen steht, bevor Sie auf Einkaufstour gehen
- Bringen Sie Farbe ins Spiel; das wirkt heiter und selbstbewusst

NEGATIVE WIRKUNG

- Kleidung kaufen, die zwar modisch ist, aber nicht zu Ihrer Erscheinung passt
- Kleidung tragen, die andere ohne Sie ausgewählt haben: Sie spiegelt häufig nicht Ihr eigenes Stilempfinden wider
- Überstürzt teure Anschaffungen tätigen, ohne zu überprüfen, was im Kleiderschrank vorhanden ist
- Eintönige Farben tragen, die Sie selbst in ein ebenso eintöniges Licht tauchen

Der eigene Stil

Wenn Sie erfolgreich auftreten wollen, müssen Sie einen Kleidungsstil wählen, der zu Ihnen und Ihrem Lebensstil passt und Ihren beruflichen und privaten Anforderungen gerecht wird. Sie könnten damit beginnen, dass Sie sich in einem guten Bekleidungsgeschäft beraten lassen (immer mehr Männer und Frauen legen Wert auf die Empfehlungen geschulter Verkäufer). So bekommen Sie eine Vorstellung davon, was zu Ihrer Figur und Ihrem Teint passt. Lassen Sie sich persönlich beraten und kaufen Sie zum besten Preis. Imageberater sind nicht billig, können sich aber bezahlt machen, wenn es darum geht, teure Fehlkäufe zu vermeiden. Lassen Sie sich in puncto Frisur beraten. Gepflegte Haare gehören zu einem sicheren Auftreten unbedingt dazu. Es gibt sogar spezielle Fernsehsendungen, die nützliche Tipps vermitteln. Scheuen Sie sich außerdem nicht, andere Menschen, deren Stil Sie bewundern, um Rat zu fragen.

Kleider machen noch keine Leute ... aber einen Schritt in Richtung Geschäftsleute.

Thomas Watson Senior

Entspannung

Nachdem Sie Ihr Selbstbewusstsein entdeckt und damit begonnen haben, es weiter auszubauen, sollten Sie lernen, was Sie tun können, damit Sie es in Stresszeiten nicht gleich wieder verlieren. Besonders wichtig sind in diesem Zusammenhang geeignete Entspannungsübungen.

Auszeiten nehmen

Auf dem Weg zu Ihrem neuen selbstbewussten Ich sollten Sie von Zeit zu Zeit Verschnaufpausen einlegen. Schaffen Sie sich dazu einen bequemen Ort, an dem Sie entspannen und Kraft tanken können, wenn der Trubel um Sie herum zu groß wird und Sie spüren, wie Ihr Selbstvertrauen zu schwinden beginnt. In jedem noch so hektischen Terminkalender findet sich immer eine Minute, in der Sie Ihre Batterien wieder auffüllen können, um anschließend mit neuer Energie weiterzumachen.

Ein ruhiger Hafen

Suchen Sie sich eine stille Ecke im Büro oder anderswo im Gebäude, wo Sie ein paar ruhige Minuten allein verbringen können. Machen Sie es sich zur Angewohnheit, diesen Ort regelmäßig aufzusuchen – selbst wenn Sie lediglich ruhig dasitzen, werden Sie schon bald die wohltuende Wirkung spüren. Hier sind Sie ganz bei sich, und Körper und Geist können entspannen – weniger aufgrund der besonderen örtlichen Gegebenheiten als vielmehr wegen der Assoziationen, die Sie mit dem Ort verbinden. Schalten Sie als Erstes Ihr Mobiltelefon aus. Es handelt sich nur um ein paar Minuten. In dieser Zeit können Sie lernen, zur Ruhe zu kommen und sich auf Ihren langsamen und ruhigen Atem zu konzentrieren.

TIPP **Um an einem langen Arbeitstag konzentrationsfähig zu bleiben, sollten Sie sich von Zeit zu Zeit entspannen – legen Sie alle zwei Stunden eine fünfminütige Pause ein.**

Nützliche TECHNIKEN

Wenn Sie rasch zu neuen Kräften kommen müssen, können Sie die folgende Atemübung machen.

Eine sogenannte Power-Minute hilft Ihnen, Ihre Gedanken zu sortieren und sich auf das Wesentliche zu konzentrieren.

1. Überprüfen Sie, wie viele Atemzüge Sie in der Minute machen. Zählen Sie Ein- und Ausatmen als eine Einheit.
2. Wenn Sie mehr als zwölf Atemzüge zählen, atmen Sie zu schnell und zu flach. Sie atmen zu wenig Kohlendioxid aus.
3. Setzen Sie Ihre kontrollierte Atmung eine weitere Minute fort, und achten Sie diesmal darauf, dass die Zahl der Atemzüge unter zehn bleibt. Wiederholen Sie die Übung gegebenenfalls noch weitere Male.

Von einer effektiven Atmung profitiert der gesamte Körper – die verbrauchte Luft wird abtransportiert und die Muskeln entspannen sich.

Tiefenentspannung

Die Power-Minute ist eine gute Lösung für zwischendurch; wenn Sie jedoch etwas mehr Zeit haben, sollten Sie folgende Übung ausprobieren, die Körper und Geist tiefer und nachhaltiger erfrischt:

- Setzen Sie sich auf einen Stuhl, lassen Sie die rechte Hand locker hängen und legen Sie die linke auf den linken Oberschenkel.
- Schließen Sie die Augen und atmen Sie ein, während Sie bis vier zählen. Halten Sie den Atem zwei Zähleinheiten an und zählen Sie beim anschließenden Ausatmen bis sechs.
- Atmen Sie mit dem Zwerchfell und stellen Sie sich dabei vor, wie das Blut vom Herzen bis in die Fingerspitzen der rechten Hand fließt, um von dort zum Herzen zurückzukehren. Atmen Sie langsam weiter.
- Konzentrieren Sie sich auf die Fingerspitzen der rechten Hand. Achten Sie auf das leichte Kribbeln. Wenn Sie sich entspannen, wird das Kribbeln stärker.

Öffnen Sie nach ein paar Minuten die Augen. Erfrischt und gestärkt können Sie sich jetzt wieder Ihrem Tagewerk widmen.

2

Innere Zuversicht

Dieses Kapitel handelt von der geheimnisvollen Kraft der inneren Zuversicht. Die erfolgreiche persönliche und berufliche Entwicklung eines Menschen hängt entscheidend von der Existenz dieser tief in seinem Inneren sprudelnden Kraftquelle ab. Lernen Sie, wie Sie selbst einen Prozess anstoßen können, der Sie Ihren Zielen näherbringt. Dieses Kapitel zeigt Ihnen, wie Sie:

- Selbstvertrauen gewinnen,
- sich von negativen Einflüssen freimachen,
- pessimistische Gedanken identifizieren und in optimistische verwandeln,
- positive Copingstrategien entwickeln,
- Ihre Ziele externalisieren, visualisieren und schließlich verwirklichen.

Meiden Sie destruktive Menschen

Fragen Sie sich, warum es Ihnen an Zuversicht mangelt. Gibt es Menschen in Ihrem Umfeld oder bestimmte Situationen, die an Ihrem Selbstvertrauen zehren? Dazu können Partner, Verwandte, Kollegen, Bekannte, Freunde und Kinder gehören.

Der Einfluss der Familie

Die Familie, in die wir hineingeboren wurden, spielt eine wichtige Rolle für unser Leben. Der Psychologe Gordon Claridge untersuchte die relative Bedeutung von Veranlagung und Umwelt für das Selbstwertgefühl eines Menschen. Dabei stellte er fest, dass Kinder von Eltern, von denen mindestens einer unter mangelndem Selbstvertrauen litt, mit einer Wahrscheinlichkeit von 60 bis 80 Prozent unter demselben Phänomen litten. Obgleich die genetische Veranlagung also eine wichtige Rolle spielt, bleibt immer noch ein Spielraum von 20 bis 40 Prozent für Umwelteinflüsse wie beispielsweise die Erziehung.

Selbstbewusstsein kann man sowohl entwickeln als auch erben.

Äußere Einflüsse

Wird einem Kind seitens der Schule oder durch seine Altersgenossen signalisiert, dass es in einem wichtigen Punkt eine Niete ist, hängt ihm das unter Umständen ein Leben lang nach. Viele unserer Überzeugungen bilden wir in der Schule oder in der Familie, wenn wir noch jung und formbar sind. Als Erwachsene erwartet uns dann die Aufgabe, mit diversen negativen Überzeugungen aufzuräumen, die lediglich unser Selbstvertrauen untergraben. Private und berufliche Beziehungen, in denen wir uns unfrei und hilflos fühlen, nagen an unserem Selbstwertgefühl. Deshalb ist es wichtig, sich den negativen Einfluss anderer Menschen bewusst zu machen und sich dagegen zu schützen. Viele Manager versäumen es, ihre Mitarbeiter zu ermuntern, eigene Ideen auszusprechen oder den Mund aufzumachen, wenn sie mit bestimmten Entscheidungen nicht einverstanden sind. Der vorherrschende Zwang zur Konformität wirkt sich schädlich auf die Arbeitsmotivation der Mitarbeiter aus, die sich der Möglichkeit beraubt sehen, sich selbst einzubringen.

Machen Sie sich frei

Überlegen Sie anhand der folgenden Liste, welche Personen möglicherweise Ihr Selbstwertgefühl untergraben. Denken Sie dabei auch an die Vergangenheit und berücksichtigen Sie mögliche Spätfolgen einstiger Beziehungen.

Fragen Sie sich, ob die genannten Personen Ihnen Kraft geben und Ihr Selbstvertrauen stärken, oder ob sie Sie kleinmachen und Ihr Selbstvertrauen mindern.

- Mutter
- Vater
- Bruder
- Schwester
- Partner
- Kinder
- Freunde
- Bekannte
- Lehrer
- Vorgesetzter
- Kollegen
- Nachbarn

Nachdem Sie die Liste durchgegangen sind, sollten Sie sich vornehmen, sich in Zukunft vermehrt mit Menschen zu umgeben, die Sie in Ihrem Selbstwertgefühl bestätigen, und Menschen zu meiden, die Ihr Selbstwertgefühl untergraben.

Bringen Sie sich ein

Für Ihr Wohlgefühl ist es wichtig, dass Sie mit Ihren Ansichten und Ihren Wünschen nicht hinterm Berg halten. Die größte Bedrohung für Ihr inneres Gleichgewicht resultiert aus der Unterdrückung Ihrer natürlichen Gefühle und Bedürfnisse. In einer britischen Studie zum Thema Selbstwertgefühl gaben 81 Prozent der Befragten zu Protokoll, dass sie sich noch nie um eine Beförderung bemüht haben, während 51 Prozent noch nie um eine Gehaltserhöhung gebeten hatten. Es mangelte ihnen an der nötigen Zuversicht, dass ihrer Bitte stattgegeben würde, während von denjenigen, die es wagten, ihr Ansinnen vorzubringen, mehr als drei Viertel damit Erfolg hatten.

TIPP Machen Sie sich klar, wie negativ sich manche Menschen auf Ihr Selbstwertgefühl auswirken. Suchen Sie den Kontakt zu Menschen, die Ihr Selbstwertgefühl stützen.

Behalten Sie die Kontrolle

Lernen Sie, Situationen oder Menschen zu erkennen, die Sie in Ihrer Zuversicht oder Ihrem Selbstwertgefühl beeinträchtigen könnten. Erlebnisse der folgenden Art sind möglicherweise ein Indiz dafür, dass jemand Ihr Selbstbewusstsein unterminiert:

- Alles ist gut bis zu dem Augenblick, in dem Sie dieser bestimmten Person begegnen. Danach fühlen Sie sich seltsam niedergeschlagen. Häufig handelt es sich dabei um jemanden, der Ihnen gegenüber den Beschützer spielt, während er in Wahrheit nur Macht über Sie ausübt. Nur wenn Sie besonders aufgebracht oder in Not sind, wecken Sie bei solchen Menschen Beschützerinstinkte, die Sie möglicherweise tatsächlich als Stütze empfinden.
- Sie fühlen sich mutlos, nachdem Sie jemandem begegnet sind, der den anderen immer eine Nasenlänge voraus sein will. Solche Menschen versuchen, ihre tiefe Unsicherheit zu kompensieren, indem sie sich unablässig als »Sieger« darstellen. Lassen Sie sich auf keinen Wettstreit ein – sie riskieren nur eine Ansteckung mit derselben Art von innerer Unsicherheit.

Nützliche TECHNIKEN

Sobald Sie wissen, dass jemand Ihre Zuversicht und Ihr Selbstwertgefühl untergräbt, sollten Sie einen oder mehrere der folgenden Schritte unternehmen:

1. Minimieren Sie den Kontakt – gehen Sie einander aus dem Weg.
2. Verbringen Sie mehr Zeit mit Menschen, die Ihnen ein gutes Gefühl vermitteln.
3. Bitten Sie den Betreffenden, sich Ihnen gegenüber positiver und/oder hilfreicher zu verhalten.
4. Reagieren Sie auf schwindende Zuversicht mit einer demonstrativ positiven und kraftvollen Haltung.
5. Weisen Sie Kritik offen zurück.
6. Erkundigen Sie sich nach dem Befinden des Betreffenden – sagen Sie ihm, es falle auf, dass er negativer sei als sonst.
7. Verschwenden Sie keinen Gedanken auf das Verhalten des anderen – auch nicht in nachdenklicheren Augenblicken.

Selbstverteidigung mit einem Lächeln Quittieren Sie Kritik und negative Kommentare mit einem Lächeln. Fragen Sie sich, ob Sie aus der Kritik lernen können – schlagen sie Sie sich andernfalls aus dem Kopf.

Schützen Sie sich selbst

Wenn jemand Sie mit seinen Kommentaren gewollt oder ungewollt verunsichert, untergräbt er damit Ihr Selbstwertgefühl. Vielleicht fühlt er sich dadurch selbst besser, aber das heißt noch lange nicht, dass Sie ihm das Recht dazu einzuräumen brauchen. Schützen Sie sich vor ungerechtfertigter Kritik. Vertreiben Sie negative Gedanken, indem Sie sich mit anderen Dingen beschäftigen. Indem Sie etwas tun, regen Sie das Gehirn an, Endorphine freizusetzen und so Ihren Zufriedenheitsgrad zu verbessern. Eine andere Möglichkeit besteht darin, die Kritik nüchtern unter die Lupe zu nehmen, als wäre sie gegen eine andere Person gerichtet gewesen.

TIPP **Beschäftigung ist der Feind der Grübelei. Betätigen Sie sich sportlich und machen Sie sich klar, dass Ihre Gedanken ganz allein Ihrer Kontrolle unterliegen.**

Bleiben Sie optimistisch

Zuversicht und Selbstvertrauen sind eine Sache der inneren Verfassung sowie des bewussten Denkens. Indem wir unser Denken verändern, können wir unser Selbstbewusstsein beeinflussen und uns vor der Gefahr des Pessimismus schützen.

Positiv denken

Der Zusammenhang zwischen Denken und Erfolgswahrscheinlichkeit war bereits Gegenstand umfangreicher psychologischer Studien. Leider denken viele Menschen wenig optimistisch. Möglicherweise haben sie das Gefühl, dass das Schicksal ihnen nicht wohlgesinnt ist. Forschungen haben gezeigt, dass eine noch so schreckliche Lebensgeschichte einen Menschen weniger beeinflusst als seine familiäre Prägung. Solange die Menschen keinen bewussten Anlauf unternehmen, ihr Denken zu ändern, übernehmen sie in aller Regel unhinterfragt die Überzeugungen, mit denen sie aufgewachsen sind. Auf den folgenden Seiten lernen Sie diverse mögliche Ursachen für eine pessimistische Denkweise kennen. Stellen Sie fest, welche Beschreibung zu Ihnen passt, und lernen Sie das Gegenmittel kennen. So können Sie Ihr Denken in Zukunft optimistischer gestalten.

5 Minuten Lösung

Mit einem gedanklichen Filter können Sie negative Gedanken in positive verwandeln.

- Legen Sie in Ihrer Vorstellung einen Filter über Ihre Gedanken.
- Negative Gedanken können den Filter nicht passieren; er lässt ausschließlich positive Gedanken durch.
- Werden negative Gedanken konsequent zurückgewiesen, präsentiert Ihnen Ihre Fantasie alternative positive Gedanken.

Die Überzeugung, dass Sie einen Berg besteigen können, trägt Sie im Geiste bereits die halbe Strecke hinauf; derjenige, dem diese Überzeugung fehlt, verlässt niemals das Basislager.

John Foster

Wie Sie zum »Manchmal«-Denken gelangen

Sie können leicht vom »Immer«-Denken zum »Manchmal«-Denken wechseln, indem Sie Ihre Gedanken zunächst laut aussprechen und anschließend modifizieren. Diese Methode ist besonders wirkungsvoll, wenn Ihr »Immer«-Gedanke eine andere Person zum Gegenstand hat.

»IMMER«-AUSSAGE	»MANCHMAL«-AUSSAGE
»Sie tun nie, was ich sage.«	»Ich weiß, Sie arbeiten gern selbstständig, aber es wäre gut, wenn Sie nun täten, was ich sage.«
»Fasten ist grundsätzlich zwecklos.«	»Fasten bringt nichts, solange ich erschöpft bin, aber wenn ich mich besser fühle, geht es.«
»Ich versinke permanent im Chaos.«	»Ich versinke im Augenblick im Chaos, aber das bekomme ich bald in den Griff.«

»Immer«

Sobald etwas Schlechtes geschieht, sind Sie überzeugt, dass es von nun an immer und ewig so bleiben wird. Bei der kleinsten Krise strecken Sie die Waffen und geben sich geschlagen. Sie sind überzeugt, dass das Leben Ihnen übel mitspielt, ganz gleich, wie Sie sich verhalten. Diese Vorstellung von Ihnen selbst als Märtyrer macht Sie passiv und hindert Sie an der konstruktiven Lösung bestehender Probleme. Was können Sie ändern? Wenn Sie fürchten, in das »Immer«-Denken zu verfallen, sollten Sie sich zuerst sagen, dass nichts für die Ewigkeit ist. Stellen Sie sich auf dem »Immer«-Ohr taub. Schalten Sie auf Durchzug – Sie verschwenden sonst nur Ihre Zeit.

»Manchmal«

Sobald Sie jedoch überzeugt sind, dass ein schlechtes Ereignis Sie nur vorübergehend zurückwirft, schaffen Sie zugleich Raum für neuen Optimismus. Je mehr Sie an einen guten Ausgang glauben, desto entspannter und kreativer gehen Sie ans Werk, wenn es darum geht, einen konkreten Ausweg aus der schlechten Situation zu finden. Das »Manchmal«-Denken gibt Ihnen die Kraft, zu erkennen, dass es in Ihrer Hand liegt, Situationen zu verändern und Probleme zu lösen. Hören Sie auf die »Manchmal«-Stimme und machen Sie das Beste aus der jeweiligen Situation.

Wider das »Überall«-Denken

Wer dem »Überall«-Denken anhängt, ist überzeugt, dass etwas, was an einer Stelle auftritt, sich alsbald überall im Leben wiederholen wird. Ein simpler Rückschlag ruft sogleich Panik hervor: Die Zukunft erscheint als einzige Katastrophe; ein Ereignis genügt, um das Leben zu ruinieren. Wer so denkt, fällt leicht in eine Depression. Sprache kann dabei verräterisch sein: Wer häufig Ausdrücke wie »Desaster«, »Reinfall«, »furchtbar« oder »entsetzlich« verwendet, setzt sein Unterbewusstsein vermehrtem Stress aus. In kürzester Zeit – drei Wochen reichen dafür bereits aus – wird die Verwendung solcher Worte zur Gewohnheit. Hier sind ein paar Beispiele für ein solches »Überall«-Denken:

- Ich habe meinen Job verloren; ich bin zu nichts zu gebrauchen.
- Die Beziehung ist gescheitert; ich bin für das andere Geschlecht völlig unattraktiv.
- Diese Politik ist Schwachsinn; mit einer solchen Regierung ist kein Staat zu machen.

Suchen Sie nach positiven Antworten

Sie fahren viel besser damit, wenn Sie glauben, dass Sie nur in einem bestimmten Bereich erfolglos sind, als wenn Sie Ihr Scheitern gleich auf alles beziehen, was Sie anpacken. Indem Sie konkret bleiben, haben Sie die Chance, ein spezielles Problem zu lösen und schließlich doch noch erfolgreich zu sein; wenn Sie jedoch verallgemeinern, geraten Sie leicht auf ein Gleis, das eine Wende zum Besseren kaum noch zulässt. Begrenzen Sie die Bereiche, in denen es Ihnen an Selbstvertrauen mangelt, und schützen Sie die anderen Bereiche, in denen Sie sich Ihres Erfolges sicher sind. Vermeiden Sie den Dominoeffekt des »Überall«-Denkens, indem Sie sich stattdessen sagen:

- Ich werde nicht ewig ohne Anstellung bleiben; es gibt andere Jobs in dem Bereich, um die ich mich bewerben kann.
- Diese Beziehung hat sich nicht bewährt, aber es gibt andere Menschen, die mich attraktiv finden.
- Auch wenn ich mit dieser speziellen Maßnahme der Regierung nicht einverstanden bin, vertraue ich darauf, dass sie andere Dinge richtig macht.

Das Positive entdecken

Mag ein Ereignis auch noch so negativ sein – Sie können fast immer etwas Positives darin entdecken, sofern Sie ernsthaft willens sind, konstruktiv und objektiv zu denken.

Wenn etwas Unerfreuliches geschieht, haben Sie die Folgen nicht immer unter Kontrolle. Waren Sie selbst am Zustandekommen der Situation beteiligt – haben Sie sich beispielsweise erfolglos um eine Beförderung beworben –, besteht die Gefahr, dass Sie sich selbst oder anderen die Schuld geben: Ihrem Vorgesetzten, dem Interviewer oder sogar dem Kollegen, der die Stelle am Ende bekommen hat. Anstatt in eine Spirale der Negativität zu verfallen, sollten Sie versuchen, aus der Situation herauszutreten und sie von außen zu betrachten. Fragen Sie sich selbst:

- Wie würden Sie sich fühlen, wenn Sie sich gar nicht erst für die Stelle beworben hätten?
- Würden Sie, wenn Sie unbeteiligt wären, die betreffenden Personen im selben negativen Licht sehen?
- Wem schadet diese Negativität am meisten – denen, gegen die sie gerichtet ist, oder Ihnen selbst?

Sobald Sie sich klargemacht haben, dass negative Gefühle nur Ihnen selbst schaden, sollte es Ihnen nicht mehr schwerfallen, in eine positivere Stimmung zu kommen.

Objektivität hilft Sie können nicht bestimmen, wer das Spiel gewinnt, aber das sollte Ihnen die Freude am Sport nicht verderben.

Denkstile

DER OPTIMIST SAGT:

- »Es liegt vielleicht nicht nur an mir.«
- »Jetzt muss ich etwas ändern.«
- »Ich werde eine Lösung finden.«

DER PESSIMIST SAGT:

- »Ich allein bin schuld.«
- »Ich kann daran nichts ändern.«
- »Es ist hoffnungslos; ich bin ein Versager.«

Ich-Denken

Ich-Denken bedeutet, dass Sie, wenn etwas schiefläuft, die Schuld automatisch bei sich selbst suchen. Sie übernehmen für alles Negative die Verantwortung, selbst wenn diese bei realistischer Betrachtung ganz woanders liegt. Entsprechend gering ist Ihr Selbstwertgefühl. Hier gibt es übrigens einen signifikanten Unterschied zwischen Männern und Frauen: Frauen neigen dazu, alles, was schiefgeht, sich selbst anzulasten, während Männer dazu tendieren, die Schuld stets anderswo zu suchen. Einige Beispiele für das Ich-Denken:

- Es ist alles meine Schuld.
- Ich werde den Erwartungen des Teams nicht gerecht.
- Das Scheitern meiner Ehe ist meine Schuld. Ich war für meinen Partner nicht interessant genug.

Nicht-ich-Denken

Wenn Sie ständig sich selbst die Schuld geben, könnten Sie einmal den entgegengesetzten Weg gehen, indem Sie sich eine Generalabsolution erteilen. Fragen Sie sich, ob eine konkrete andere Person die Schuld trägt oder ob eine Kombination von Ereignissen zu dieser Situation geführt hat. Besonders Frauen sollten die Möglichkeit im Blick behalten, dass sie selbst keine Schuld tragen. Für das Selbstvertrauen ist es häufig schon hilfreich, sich überhaupt diese Frage zu stellen. Allerdings kann der Ansatz, die Schuld zuerst bei anderen zu suchen, auch in die Irre führen. Verwenden Sie deshalb die Nicht-ich-Methode nur mit äußerster Vorsicht. Die Nicht-ich-Entsprechungen zu den obigen Beispielsätzen lauten:

- Vielleicht hat jemand anders Schuld. Das muss ich herausfinden.
- Das Team hätte mir ja unter die Arme greifen können.
- Mein Partner hat ebenso Schuld am Scheitern unserer Ehe.

Der Optimist erklärt, dass wir in der besten aller möglichen Welten leben, und der Pessimist fürchtet, dass dies womöglich wahr ist.

James Branch Cabell

Erfolge anerkennen

Wenn etwas Gutes geschieht, ist der Ich-Denker bereit, einzugestehen, dass dies ein Erfolg ist, der den eigenen Anstrengungen in diesem konkreten Fall geschuldet ist. Der Nicht-ich-Denker hingegen glaubt, dass er den Erfolg einfach verdient hat. Dagegen ist im Prinzip nichts einzuwenden, solange der Betreffende im gegenteiligen Fall bereit ist, die eigenen Fehler zu akzeptieren und aus ihnen zu lernen.

Der innere Kritiker

Wenn etwas schiefgeht, tendieren Optimisten zu einem positiven »Manchmal«-Denken und zu konstruktiven Maßnahmen. Sie konzentrieren sich auf das konkrete Ereignis und versuchen, die Ursache außerhalb ihrer selbst zu orten. Pessimisten hingegen verfallen angesichts widriger Umstände leicht in ein »Immer«-Denken; sie geben sich selbst die Schuld und schließen vom konkreten auf den allgemeinen Fall.

Think SMART

Wenn es Ihnen trotz aller Anstrengung nicht gelingt, aus der negativen Spirale eine positive zu machen, sollten Sie versuchen, sich die negativen Gedanken einfach aus dem Kopf zu schlagen.

Die beste Methode, mit negativen Gedanken fertig zu werden, besteht darin, sie zu verbannen. Sollten Sie damit keinen Erfolg haben, können Sie den entgegengesetzten Ansatz ausprobieren: Heißen Sie sie willkommen. Gestehen Sie ihnen ihre Existenz zu, danken Sie ihnen dafür, dass sie Sie auf bestehende Probleme aufmerksam gemacht haben, und sagen Sie ihnen, dass sie ihre Aufgabe nun erfüllt haben.

Gedanken externalisieren

Im Laufe der Zeit werden Ihnen Ihre Gedanken immer vertrauter, bis sie wie ein ständiger Kommentar in Ihrem Kopf mitlaufen. Wenn der Tenor dieses Kommentars lautet, dass Sie ein Versager sind, hat das natürlich gravierende Folgen. Spätestens dann ist es Zeit für eine Realitätsprüfung.

Schreiben Sie alles auf

Je besser es Ihnen gelingt, Ihre negativen Gedanken zu externalisieren, indem Sie sie in klare Worte fassen und auf Ihren Wahrheitsgehalt überprüfen, desto mehr Zuversicht werden Sie verspüren. Halten Sie stets Stift und Papier griffbereit. Wenn Sie nachts nicht schlafen können, weil Ihre Gedanken Achterbahn fahren, sollten Sie alles notieren, was Ihnen auf der Seele liegt. Anschließend können Sie entscheiden, was Sie davon realistisch betrachtet lösen können und was nicht. Manchmal wirkt es schon heilsam, die eigenen negativen Gedanken oder Ängste auf Papier zu bannen. Sind sie erst einmal externalisiert, verblasst ihre lähmende Wirkung und sie werden sukzessive lösbar.

Nehmen Sie Hilfe in Anspruch Pflegen Sie ein Netz von privaten und beruflichen Kontakten zu Menschen, die Sie gegebenenfalls unterstützen.

Nützliche TECHNIKEN

Reduzieren Sie die Auswirkungen eines Problems, indem Sie es gewichten:

1 Fragen Sie sich, welchen Schweregrad Sie Ihrem Problem – sei es eine versäumte Frist oder ein verspäteter Zug – auf einer Skala von 1 (trivial) bis 10 (lebenswichtig) zuordnen.

2 Sie werden feststellen, dass selbst gravierende Problem selten über den Grad 6 hinausgehen.

3 Machen Sie sich klar, dass die Situation schlimmer sein könnte: Eine Katastrophe liegt erst bei Grad 9 oder 10 vor.

4 Nachdem Sie die Schwere Ihres Problems relativiert haben, werden Sie leichter eine Lösung finden.

Echte Vertraute

Bestimmen Sie eine Gruppe von Freunden und Kollegen, denen Sie zutrauen, dass sie Ihnen jederzeit ehrliche Auskunft erteilen (von sechs bis acht Personen sollte im Bedarfsfall jederzeit jemand erreichbar sein). Dies sind Ihre Vertrauten. In schwierigen Situationen – wenn Sie beispielsweise erwägen, ob Sie kündigen oder sich gegen jemanden ernsthaft zur Wehr setzen sollen – können Sie sich auf diese Personen verlassen. Indem Sie andere um Ihre vorurteilsfreie Meinung bitten, können Sie sich leichter eine eigene Meinung bilden.

Wertvolle Außenansichten

Betrachten Sie diese Menschen als Insider, die Sie mit Außenansichten versorgen. Sie stehen Ihnen nahe, ohne dass sie unmittelbar in Ihr Problem involviert sind. Notieren Sie die Namen und Telefonnummern dieser Vertrauten in Ihrem Tagebuch oder speichern Sie sie in Ihrem Mobiltelefon. Das wird Sie motivieren, diese Kontakte regelmäßig zu pflegen.

TIPP Versuchen Sie bei Problemen, unterschiedliche Meinungen einzuholen. Jede weitere Idee hilft Ihnen bei der Entwicklung Ihres eigenen Lösungsansatzes.

Fallstudie: Sich der eigenen Angst stellen

Die Opernsängerin Kylie fürchtete stets, ihren Text zu vergessen. Sie hatte deswegen Albträume, fühlte sich vor jeder Aufführung krank und nahm stark ab. Ihr wurde bewusst, dass sie dieses Problem lösen musste, um ihren Beruf weiterhin ausüben zu können. Sie schrieb ihre Erlebnisse auf und machte sich die Konsequenzen bewusst: Falls sie den Text vergäße, würde das Publikum sie für unfähig halten, sodass sie in der Folge keine Engagements mehr bekäme. Das würde bedeuten, dass sie ihre Karriere als Sängerin vergessen könnte und sich nach einem anderen Beruf umsehen müsste.

- *Als Kylie bewusst wurde, dass sie über ausreichend innere Ressourcen verfügte, um notfalls einen anderen Berufsweg einzuschlagen, entwickelte sie mehr Gelassenheit. Sie lernte, dass es besser ist, sich den eigenen Ängsten zu stellen, als sie zu verdrängen. Sie überwand ihre Furcht und hatte fortan viel mehr Freude an ihrem Beruf.*
- *Es war ihr aus eigenem Antrieb gelungen, den hypothetischen Worst Case in einen realen Best Case umzumünzen. Die Geister, die sie in ihren Albträumen heimgesucht hatten, waren spurlos verschwunden.*

Die Na-und-Antwort

Ängste und Sorgen können uns leicht verunsichern – wir neigen dann dazu, in jeder Situation mit dem Schlimmsten zu rechnen und auf das nächste Unglück zu warten. Wenn Sie häufig Dinge sagen wie: »Und wenn es nicht funktioniert?«, »Für wie dumm werden mich die Leute halten, wenn ich diese Frage stelle?« oder »Was, wenn ich mich bewerbe und die Stelle nicht bekomme?«, ist es Zeit, dass Sie die Konsequenzen durchspielen.

Der Blick über den Zaun

Machen Sie sich Ihre größte Angst bewusst und stellen Sie sich vor, das Befürchtete sei bereits eingetreten. Spielen Sie nach dem auf Seite 43 vorgestellten Schema alle denkbaren Konsequenzen durch. Stellen Sie sich Ihrer Furcht, und sehen Sie, ob es am Ende so schlimm kommt, wie Sie gedacht haben. Indem Sie sich mit dieser Übung zwingen, dem schlimmstmöglichen Ausgang ins Auge zu blicken, werden Sie feststellen, dass das

TIPP Spielen Sie das Spiel der Konsequenzen mit einem Freund: Während Sie gemeinsam Ihren Ängsten widerstehen, erkennen Sie, wie unbegründet viele von ihnen sind.

Problem weniger dramatisch ist als angenommen. Haben Sie das Spiel der Konsequenzen einige Male an unterschiedlichen Szenarien durchexerziert, so können Sie künftig die Zwischenschritte auslassen und unmittelbar zur Na-und-Reaktion übergehen. Damit beweisen Sie Ihre wachsende Zuversicht – sie wird allmählich zur Gewohnheit. Ängste sind normal; sie sind eine natürliche Reaktion auf schwierige Situationen. Aber falls sie Sie daran hindern, aktiv zu werden und Ihre Träume und Ambitionen zu realisieren, müssen Sie etwas dagegen unternehmen. »Na und« bedeutet nicht, dass Ihnen alles egal ist, sondern dass Sie sich durch nichts von dem Versuch abhalten lassen, Ihre Ziele zu erreichen.

Das Spiel der Konsequenzen

Überlegen Sie, was Ihre größte Angst ist. Setzen Sie sie in Gedanken in die freie Stelle unten ein und gehen Sie die beschriebenen Schritte durch.

- Was wäre, wenn .... einträte? Wie sähen die Konsequenzen aus?
- Wie sähe das Ergebnis aus?
- Und was würde daraus wiederum folgen?
- Und welche weiteren Konsequenzen hätte dies?
- Und das Endresultat sähe wie aus?

Wenn Sie am Ende dieser Folge von Konsequenzen angelangt sind, werden Sie plötzlich feststellen, dass Sie keine Mühe mehr damit haben, »Na und« zu sagen, Ihren Ängsten ins Auge zu blicken und zur Tagesordnung zurückzukehren.

Visualisieren

Visualisierungen sind eine wirkungsvolle Methode, mit der Psychologen ihren Patienten helfen, ihre Phobien zu überwinden. Indem Sie sich eine gefürchtete Situation im Voraus vor Ihrem geistigen Auge ausmalen, sind Sie im Zweifelsfall besser vorbereitet, um mit ihr fertig zu werden.

Visualisieren, minimieren und realisieren

Auch wenn Ihre Angst vermutlich von einer Phobie weit entfernt ist – möglicherweise steht Ihnen »nur« eine schwierige Aufgabe bevor –, kann diese Technik sehr hilfreich sein. Die Visualisierung ist eine Methode, mit der Sie Ängste abbauen können, indem Sie sich jede Phase eines Ereignisses bildlich vorstellen oder einen Albtraum ins Gedächtnis rufen. Auf diese Weise erhalten Sie mehr Kontrolle über Ihre Gedankenmuster und werden souveräner im Umgang mit Situationen, die Ihnen Unbehagen bereiten.

Nützliche TECHNIKEN

Wenn es etwas gibt, was Ihnen Angst bereitet, können Sie versuchen, es mit einem bestimmten Bild aus Ihrem Kopf zu verbannen.

Vielleicht fürchten Sie sich vor einer bevorstehenden Präsentation, die Sie vor großem Publikum halten sollen. Probieren Sie folgende Technik:

- Stellen Sie sich vor, wie ein großer Hausmeisterbesen in aller Ruhe die Blätter wegfegt, die Ihre Angst repräsentieren.
- Sagen Sie sich: »Ich werde mir darüber am Tag vor der Präsentation Gedanken machen.«
- Wenn dieser Tag kommt, fegen Sie in Gedanken die Blätter beiseite und sagen sich: »Ich werde mir darüber eine Stunde vor der Präsentation Gedanken machen.«
- Eine Stunde vor der Präsentation greifen Sie noch einmal zum Besen und sagen sich, dass Sie sich darüber im Anschluss an die Präsentation Gedanken machen werden – und dann ist es bereits zu spät, sich Sorgen zu machen.

Wählen Sie ein Bild, das Ihnen einleuchtet. Es muss nicht unbedingt ein Besen sein; alles ist geeignet, was Ihre Sorgen vertreibt. Wichtig ist nur, dass die »fegende« Bewegung ruhig und sanft erfolgt.

Lernen Sie, sich selbst als Gewinner zu sehen Wenn Sie die Gewohnheit haben, sich ständig selbst zu kritisieren, fällt es Ihnen möglicherweise anfangs schwer, aber wenn Sie in Zukunft erfolgreich sein wollen, müssen Sie in Ihren eigenen Augen zum Gewinner werden.

Mentales Training

Zwei Gruppen von Fußballern wurden aufgefordert, ihr Torschussverhalten zu verbessern. Die erste Gruppe begab sich auf den Platz und übte drei Stunden lang Torschüsse. Die zweite Gruppe beschäftigte sich während derselben Zeit ausschließlich damit, Torschüsse zu visualisieren. Als anschließend beide Gruppen gegeneinander spielten, schoss die Gruppe, die das Toreschießen nur mental trainiert hatte, mehr Tore. Der Grund? Die Gruppe hatte keine Misserfolge erlebt. In ihrer Vorstellung hatte jeder Schuss getroffen. Sie gingen mit Selbstvertrauen und einer durchweg positiven Einstellung in das Spiel.

TIPP **Suchen Sie sich eine ruhige Ecke und trainieren Sie Ihre Vorstellungskraft. Erzeugen Sie ein lebendiges und positives Bild von sich selbst.**

Gehen Sie den Tag im Geiste durch

In einer Situation, in der alles neu und aufregend ist – wenn Sie beispielsweise gerade einen neuen Job angetreten haben –, sollten Sie jeden Tag damit beginnen, dass Sie sich innerlich stärken. Setzen Sie sich auf die Bettkante, und stellen Sie sich vor, wie Sie die nächsten Stunden erfolgreich meistern. Sagen Sie sich so etwas wie: »Meine neuen Kollegen hören mir interessiert zu, der Vormittag ist ein einziger Erfolg und die nächste Besprechung birgt keine Überraschungen. Was ich sage, stößt auf Zustimmung, und jetzt ist Mittagspause. Der halbe Tag ist geschafft und ich fühle mich zuversichtlich und entspannt.« Sie werden feststellen, wie das beklemmende Gefühl schwindet, sobald Sie den eigenen Erfolg klar ins Auge fassen und innerlich zur Ruhe kommen.

Unsere schlimmsten Befürchtungen werden nur in den seltensten Fällen wahr.

Positiv träumen

Wenn Sie mit ernsten Problemen zu kämpfen haben, macht sich Ihre Angst möglicherweise in Ihren Träumen bemerkbar. Ihr Gehirn spielt Ihnen dann nachts Filme von schrecklichen Situationen vor: Sie fallen von Klippen, finden sich in brennenden Gebäuden eingeschlossen oder werden in Autounfälle verwickelt.

Versuchen Sie, Ihre Träume zu verändern:

- Wenn Sie fallen, dann stellen Sie sich einfach vor, Sie hätten Flügel.
- Kündigt sich eine Unfallsituation an, drücken Sie aufs Gaspedal, um der Gefahr zu entkommen.
- Programmieren Sie Ihr Gehirn kurz vor dem Einschlafen mit der zusätzlichen positiven Traumvariante.

Ihre Lösung muss nicht logisch sein; sie muss Sie lediglich aus der Traumsituation befreien. Wie Ängste Ihr Unbewusstes durchdringen können, so können auch positive Gedanken darauf Einfluss nehmen.

Beobachten Sie Ihre Gedanken

POSITIVE WIRKUNG

- Verhalten Sie sich wie jemand, der an den eigenen Erfolg glaubt
- Pflegen Sie die Erinnerung an vergangene Erfolge in sämtlichen Lebensbereichen
- Seien Sie sich Ihrer Gedanken jederzeit bewusst

NEGATIVE WIRKUNG

- Sich vor Niederlagen fürchten, die noch nicht eingetreten sind
- Nur die Situationen im Gedächtnis behalten, in denen Sie unterlegen waren
- Den Gedanken gestatten, das eigene Selbstwertgefühl zu untergraben

---

Kontrolliert atmen

Eine bewusste Atmung kann hilfreich sein, um Geist und Körper miteinander in Einklang zu bringen. Probieren Sie folgende simple Atemübung. Atmen Sie vollständig aus und atmen Sie anschließend ein, während Sie im Geiste »vier Erfolge« abzählen (ein Erfolg, zwei Erfolge und so weiter). Halten Sie den Atem vier Erfolge lang an und atmen Sie während zweier weiterer Erfolge aus. Steigern Sie allmählich auf vier. Machen Sie diese Übung mehrere Minuten lang, wenn Sie unruhig sind oder sich vor einer neuen Herausforderung fürchten. Wenn die Erinnerung an eine vergangene negative Erfahrung Ihr Denken und Ihren Zukunftsblick zu trüben droht, können Sie versuchen, sich mit dieser Übung zu entspannen. Lassen Sie sie zur täglichen Gewohnheit werden. Passen Sie sie an Ihre Bedürfnisse an und stärken Sie damit Ihre Zuversicht.

Selbstvertrauen durch Singen

Als der Baptistenpfarrer Jesse Jackson in einer seiner Versammlungen das Selbstwertgefühl der schwarzen amerikanischen Bevölkerung stärken wollte, ließ er die Anwesenden so lange »Ich bin jemand« singen, bis sie es glaubten. Wann immer Sie in große Selbstzweifel verfallen, sollten Sie denselben Text anstimmen. Sie können ihn natürlich auch verändern, indem Sie beispielsweise sagen: »Ich bin jemand, der Respekt verdient«, »Ich bin ein Sieger« oder »Ich bin jemand, den man kennen muss«. Singen Sie den Text wie ein Mantra dreimal jeden Morgen, bis Sie selbst davon überzeugt sind.

Zusammenfassung: Zuversicht gewinnen

Innere Zuversicht und Selbstvertrauen sind für eine erfolgreiche persönliche und berufliche Entwicklung unverzichtbar. Mithilfe dieser Zusammenfassung können Sie sich von den Fesseln eines mangelnden Selbstwertgefühls und einer negativen Denkweise befreien und innere Zuversicht aufbauen, um Ihre Ziele zu erreichen.

Stärken Sie Ihr Selbstvertrauen

1 Meiden Sie destruktive Menschen

Identifizieren Sie persönliche und berufliche Beziehungen und Situationen, die an Ihrem Selbstvertrauen nagen

Verbringen Sie mehr Zeit mit Menschen, die das Beste aus Ihnen herausholen und Ihr Selbstvertrauen stärken

Machen Sie sich klar, was Sie wollen; hören Sie auf Ihre Gefühle und Bedürfnisse

Schützen Sie sich vor Miesmachern, indem Sie sich von ihnen emanzipieren – bestärken Sie sie nicht noch

2 Verwandeln Sie negatives in positives Denken

Ersetzen Sie »Immer«- durch »Manchmal«-Denken, indem sie negative Gedanken explizit formulieren und modifizieren

Ersticken Sie jedes »Überall«-Denken im Keim und verzichten Sie auf Verallgemeinerungen

Vermeiden Sie Ich-Denken – geben Sie sich nicht die Alleinschuld für Dinge, die andere mit verursacht haben

Denken Sie konstruktiv und objektiv, indem Sie auch in der schlimmsten Niederlage etwas Positives sehen

3 Externalisieren Sie Ihre Sorgen

Mindern Sie die Wirkung Ihrer negativen Gedanken, indem Sie sie externalisieren und auf ihren Wirklichkeitsgehalt hin überprüfen

↓

Notieren Sie negative Gedanken und Ängste und mindern Sie deren Wirkung durch eine Gewichtung auf einer Skala von 1 bis 10

↓

Suchen Sie Rat und Ermutigung von Freunden und Ratgebern, die Ihnen nahestehen, aber nicht Teil Ihres Problems sind

↓

Spielen Sie die Konsequenzen Ihrer Befürchtungen so lange durch, bis Sie »Na und« sagen und zur Tagesordnung zurückkehren können

4 Visualisieren und realisieren Sie Ihre Ziele

Visualisieren Sie das Problem im Voraus, damit Sie auf die reale Situation vorbereitet sind, wenn sie eintritt

↓

Kontrollieren Sie Ihre Ängste, indem Sie sie im Geiste zur Seite »fegen«, bis das Ereignis vorüber ist

↓

Nutzen Sie die Macht der Fantasie, um sich einen positiven Ausgang des Problems vorzustellen

↓

Endpunkt
Denken Sie daran: Die schlimmsten Befürchtungen bewahrheiten sich nur selten

3

Beziehungen

Selbstvertrauen und Zuversicht beeinflussen das Spektrum unserer Beziehungen ganz erheblich – und sie wirken sich auf alle Aspekte einer Beziehung aus: darauf, wie wir eine Beziehung gründen, pflegen und intensivieren, wie wir mit einer bröckelnden Beziehung umgehen und wie wir eine Beziehung beenden. In diesem Kapitel erfahren Sie, wie Sie selbstbewusst:

- Gefühle erleben und ausleben,
- Beziehungen aufbauen,
- neue Bekanntschaften schließen,
- dem anderen Geschlecht begegnen,
- Beziehungen pflegen,
- Beziehungen beenden.

Gefühle

Bei Beziehungen geht es um Gefühle – nicht nur um Liebe und Herzlichkeit, sondern auch um Frustrationen, Langeweile und Aggressionen. Wie gut wir unsere Gefühle unter Kontrolle haben, hat entscheidenden Einfluss auf unsere Fähigkeit, mit Beziehungen umzugehen.

Lernen Sie Ihren emotionalen Stil kennen

Emotionale Ausdrucksformen wirken am besten, wenn sie auf die jeweilige Situation abgestimmt sind: Tränen sind für eine wichtige Besprechung ebenso unpassend wie eine eisige Selbstbeherrschung anlässlich eines lang ersehnten Wiedersehens unter Freunden. Im Folgenden finden Sie die vier wichtigsten Formen des Umgangs mit Emotionen beschrieben. Welche Form trifft am ehesten auf Sie selbst zu?

- **Vermeidung** Sie tun, was Sie können, um starke Gefühlsausbrüche zu vermeiden. Sie haben durchaus Gefühle, aber Sie zeigen Sie nicht gern, um nicht unbeholfen oder schwach zu erscheinen. Lieber sagen Sie gar nichts und setzen eine Fassade der

Fallstudie: Emotionale Stile

Joshua und Eva führten seit sechs Monaten eine harmonische Beziehung, als ein gemeinsamer Freund unerwartet starb. Dies war die erste Stresserfahrung in ihrer Zeit als Paar. Joshua zog sich emotional zurück, während Eva völlig aufgewühlt war und ständig über ihre Gefühle sprechen wollte. Wie sie ihrer Schwester erklärte, empfand sie Joshuas Verhalten als Zeichen dafür, dass er sie nicht genug liebte, um sich ihr anzuvertrauen. Die Schwester riet ihr, in aller Ruhe mit Joshua zu sprechen und Formulierungen zu vermeiden, die dieser als Vorwurf verstehen könnte.

- *Im gemeinsamen Gespräch stellte sich heraus, dass Joshua keineswegs gefühllos war, sondern vielmehr Angst hatte, seine Gefühle in ihrem ganzen Ausmaß an die Oberfläche zu lassen.*
- *Joshua spürte, dass Eva stark genug war, ihn zu tragen, und dass er sich ihr gegenüber öffnen konnte. Das Paar verstand, dass es nicht eine einzige »richtige« Form des Gefühlsausdrucks gibt.*

Ein Mensch, der nicht durch die Hölle seiner Leidenschaften gegangen ist, hat sie auch nie überwunden.

Carl Gustav Jung

Höflichkeit auf – in der Hoffnung, dass die Gefühle von selbst verschwinden. Sie versuchen mit allen Mitteln, unbequemen Gefühlen aus dem Weg zu gehen. Ebenso ungern werden Sie zum Zeugen starker Gefühlsäußerungen anderer – Sie sind stets bemüht, die Wogen so rasch wie möglich wieder zu glätten. Nur leider entgeht Ihnen dabei so mancher Augenblick der Freude und der intensiv gelebten Wirklichkeit.

- **Leugnung** Sie leugnen, überhaupt etwas zu fühlen. Auf diese Weise sind Sie sicher, dass Sie in guten wie in schlechten Zeiten stets die Fassung bewahren. Manchmal ist es einfacher, die Augen vor den eigenen Gefühlen komplett zu verschließen. Vielleicht schützen Sie sich vor allzu starken Gefühlen, weil Sie spüren, dass Sie sonst Ihr Leben tief greifend verändern müssten.
- **Katharsis** Bevor sich Gefühle allzu sehr aufstauen, öffnen Sie einmal kurz die Schleusen. Wenn Sie frustriert sind, regen Sie sich einmal kräftig auf und fühlen sich nach wenigen Minuten bereits viel besser. Vielleicht nutzen Sie Emotionen auch, um Span-

Mit emotionalen Stilen experimentieren

Wenn Sie vor einem Problem stehen, können Sie testen, wie sich die verschiedenen Stile auf Ihr Verhalten auswirken.

Vermeidung
Sie bleiben auf Distanz, können das Problem aber nicht lösen

↓

Leugnung
Sie durchdringen das Problem rational, können es aber ohne emotionale Beteiligung nicht lösen

↓

Katharsis
Sie regen sich auf, lösen aber das eigentliche Problem nicht

↓

Emotionale Geradlinigkeit
Sie lassen sich bei der Problemanalyse von Ihrer emotionalen Intelligenz leiten; mit Gefühl und Verstand gelingt es Ihnen, das Problem zu lösen

nungen abzubauen. Das funktioniert gut, wenn Sie beispielsweise ein aufregendes Fußballspiel besuchen oder sich einen Film anschauen, der Sie zum Weinen bringt. Sobald Sie jedoch zulassen, dass diese Gefühle auf Ihre Beziehungen zu den Menschen in Ihrem Umfeld übergreifen und sie beeinträchtigen, droht ein nicht wiedergutzumachender Schaden. Unkontrollierte Emotionsausbrüche können Ihnen kurzfristig Erleichterung bringen, erzeugen jedoch langfristig häufig größere Probleme, als sie lösen.

- **Emotionale Geradlinigkeit** Starke Gefühle zwingen Sie zum Handeln. Sobald Sie die Bedeutung eines Gefühls erkannt haben, versuchen Sie, die Situation entsprechend zu ändern. Ihre Gefühle spielen in Ihrem Leben eine wichtige Rolle und Sie lassen sich von ihnen in Ihrem Urteil und Ihrem Gerechtigkeitssinn leiten. Dieser Ansatz funktioniert am besten und am verlässlichsten. Sie können unangenehmen Gefühlen nicht entfliehen, da diese nicht von selbst verschwinden. Sie können sie lediglich vorübergehend unterdrücken und darauf warten, dass sie sich im unpassendsten Augenblick wieder bemerkbar machen. Da ist es besser, sich mit ihnen bereits beim ersten Mal eingehend zu beschäftigen.

Bleiben Sie Ihren Gefühlen gegenüber offen Lernen Sie, schwierige Situationen zu überwinden, ohne allzu viel emotionalen Ballast mit sich herumzutragen.

Wie sich Beziehungen entwickeln

Untersuchungen haben gezeigt, dass für die Entwicklung einer Beziehung weniger Faktoren und Eigenschaften maßgeblich sind, als Sie vielleicht vermuten würden. Diese Faktoren lassen sich in fünf Gruppen gliedern.

Die folgenden Faktoren fördern sowohl die Entstehung als auch den Erhalt einer bestehenden Beziehung. Wenn alle Bedingungen erfüllt sind, ist die Wahrscheinlichkeit groß, dass die Beziehung erfolgreich und langlebig ist. Bestimmen Sie die Qualität einer Partnerschaft oder einer engen Freundschaft nach der Zahl der Kriterien, die sie erfüllt:

Der Schlüssel zu einer guten Beziehung liegt im Bewusstsein für die eigene Persönlichkeit.

- **Attraktivität und Zugänglichkeit** Das erste Kriterium ist offensichtlich – aber Attraktivität reicht nicht für eine Beziehung, solange die betreffende Person nicht auch erreichbar und zugänglich ist.
- **Angemessenheit** Damit eine Beziehung funktioniert, müssen die Beteiligten sich als gleichrangig empfinden, damit sich keiner von beiden vom anderen überfordert fühlt.
- **Kompatible Bedürfnisse** Solange nur einer der Beteiligten eine enge Beziehung wünscht, während es der andere nur auf einen kurzen Flirt abgesehen hat, ist ein rasches Ende der Beziehung gewiss.
- **Unterschiedlichkeit** Einem Sprichwort zufolge ziehen sich Gegensätze an – und das trifft auch auf die Menschen in einer Beziehung zu.
- **Wechselseitige Beeinflussung** Es besteht die Erwartung, dass jeder Partner in einer Beziehung oder Freundschaft den anderen beeinflusst und dass Bedürfnisse wechselseitig wahrgenommen werden. Wenn einer der Partner nicht mehr vom anderen lernt, steht eine Beziehung schnell vor dem Aus.

TIPP Auch in einer engen Beziehung ist es wichtig, dass jeder sich selbst treu bleibt. Am besten funktionieren Partnerschaften zwischen unabhängigen Menschen.

Fünf Schritte zur emotionalen Souveränität

Die folgenden fünf Schritte ermöglichen Ihnen den optimalen Umgang mit Gefühlen. Überlegen Sie bei jedem Schritt, was daraus für Ihr – vergangenes und gegenwärtiges – Verhalten folgt. Sie werden auf diese Weise Ihre Gefühle viel eingehender untersuchen, als Sie dies für gewöhnlich tun. Fahren Sie damit auch dann fort, wenn es sich vorübergehend unangenehm anfühlt.

1 Machen Sie sich Ihre Gefühle bewusst Es hilft, wenn Sie Ihre Gefühle benennen können. Sind Sie vollkommen verstört oder nur leicht irritiert? Sprudeln Sie vor Liebe und Glück über oder fühlen Sie sich leidlich wohl in Ihrer Haut? Die Gefühle existieren. Versuchen Sie nicht, sie zu leugnen. Jeder hat ein Recht auf Gefühle. Verschwenden Sie Ihre Zeit nicht damit, über »falsche« Gefühle zu philosophieren. Konzentrieren Sie sich lieber auf das, was Sie tatsächlich fühlen, und versuchen Sie, diese Gefühle möglichst genau zu beschreiben.

Seien Sie vorsichtig mit starken Gefühlen – gehen Sie respektvoll mit ihnen um.

2 Lesen Sie die emotionale Botschaft Lernen Sie, die Bedeutung Ihrer Gefühle zu verstehen. Wenn Sie beispielsweise Ihre gegenwärtige Beziehung als beengend empfinden, sollten Sie sich fragen, woran das liegen könnte und wann dieses Gefühl stärker oder schwächer ist. Sind Sie aufgebracht oder wütend – beispielsweise nach einer schwierigen beruflichen Besprechung –, kann es helfen, andere nach ihrer Meinung zu fragen. Versuchen Sie, sich ein ausgewogenes Bild zu machen. Indem Sie unerfreuliche Situationen mit anderen besprechen, entdecken Sie möglicherweise, dass Sie Signale falsch aufgefasst und in Ihrer Wahrnehmung die Lage dramatischer gesehen haben, als sie ist.

3 Bauen Sie auf vergangenen Erfolgen auf Die meisten Dinge gehen vorüber – irgendein Weg findet sich fast immer. Nur selten bleiben Probleme so unlösbar, wie sie auf den ersten Blick erscheinen. Überlegen Sie, wann Sie das letzte Mal deprimiert waren: Wahrscheinlich bestand Ihre Lösung darin, dass Sie darüber mit einem Freund beziehungsweise einer Freundin sprachen, etwas trinken gingen oder sich ins Kino setzten. Und es funktionierte. Auch das nächste Mal wird es vermutlich funktionieren. Je mehr solcher Copingstrategien Sie haben, desto besser gelingt es Ihnen, Ihr Leben im Gleichgewicht zu halten.

4 Handeln Sie Unangenehme Gefühle wie Schmerz, Angst, Ärger, Irritation, Schuld, Beklemmung oder Verlassenheit existieren nicht ohne Grund. Sie informieren Sie darüber, dass etwas nicht stimmt und dass Sie etwas unternehmen sollten. Je eher Sie reagieren, umso besser bekommen Sie Ihre Emotionen in den Griff. Traurigkeit und Schmerz lassen sich lindern, bevor sie sich zu Depressionen auswachsen. Wird Wut bereits in einem frühen Stadium analysiert, bleibt vielleicht nur eine leichte Verärgerung.

5 Konzentrieren Sie sich auf positive Gefühle Lernen Sie, negative, hinderliche Gefühle durch positive Alternativen zu ersetzen, die Sie vorwärtsbringen. Konzentrieren Sie sich auf das, was Ihnen ein gutes Gefühl zum Leben und zu Ihnen selbst vermittelt. Liebe, Zuneigung, Begeisterung und Verantwortungsgefühl sind starke Gefühle. Verschaffen Sie diesen Gefühlen in Ihrem Leben mehr Raum. Verändern Sie Ihr Leben ebenso wie Ihre Gefühle; beides hängt untrennbar zusammen.

Positive Gefühle

Die folgenden Schritte werden Ihnen helfen, positive Gefühle zu entwickeln, auf denen Sie aufbauen können:

Werden Sie sich Ihrer Gefühle bewusst und respektieren Sie sie

↓

Lernen Sie, mit Ihren Gefühlen umzugehen – formulieren Sie Ihre Gefühle

↓

Nutzen Sie vergangene Erfolge, um mit negativen Gefühlen fertig zu werden

↓

Hören Sie auf die Botschaft Ihrer Gefühle und werden Sie aktiv

↓

Bauen Sie auf die Kraft des Positiven

Verabredungen

Selbstsicherheit bei Verabredungen ist eine Frage der Übung. Sie müssen sich auf Verabredungen einlassen, um Selbstvertrauen zu gewinnen, und Sie müssen Menschen treffen, um sich verabreden zu können. Lassen Sie sich auf das Abenteuer ein und lernen Sie durch neue Erfahrungen.

Identifizieren Sie die Zielgruppe

Bevor Sie sich auf Verabredungen einlassen, sollten Sie Ihre Zielgruppe definieren. Überlegen Sie, wo die Wahrscheinlichkeit am größten ist, Menschen zu begegnen, die für Sie attraktiv sind. Wenn Sie sich beispielsweise einen kulturell interessierten Partner wünschen, könnten Sie Museen besuchen, einem Film- oder Buchklub beitreten oder einen abendlichen Kunstkurs belegen. Berücksichtigen Sie bei Ihren Erwägungen, wo Sie Ihren Partner finden könnten, auch das Alter.

Begeben Sie sich an den richtigen Ort

Vielleicht fühlen Sie sich in einer Gruppe sicherer, aber Sie sind dort auch weniger gut ansprechbar – denken Sie nur daran, wie viel schwerer es Ihnen fällt, auf eine große Gruppe von Menschen zuzu-

Nützliche TECHNIKEN

Bereiten Sie sich auf eine Verabredung vor, indem Sie den Tag mit folgender Visualisierungsübung beginnen.

Spulen Sie vor Ihrem inneren Auge einen Film vom erwarteten Begegnungsverlauf ab. Das wird Ihnen helfen, sich innerlich zu entspannen, und je entspannter Sie zu dem Treffen gehen, desto erfolgreicher wird es sein.

- Achten Sie dabei auf die Details: wie Sie sich unterhalten, nebeneinander hergehen, was Sie sich anschauen.
- Stellen Sie sich vor, wie Sie sich gegenseitig in die Augen blicken.
- Betrachten Sie sich als Magneten: Mit Ihrem Blick, Ihrer Wärme und Ihrer Persönlichkeit ziehen Sie die andere Person an.
- Lassen Sie sich für die Visualisierung Zeit.
- Sagen Sie sich zum Abschluss, dass die Begegnung genau so ablaufen wird.

gehen, die einander bestens bekannt, Ihnen aber alle unbekannt sind, als auf einen Einzelnen. Wenn Sie lediglich mit ein oder zwei Freunden unterwegs sind, können Sie leichter jemanden kennenlernen, und am besten geht es ganz allein. Die wichtigsten Regeln lauten:

- Seien Sie kein Stubenhocker.
- Werfen Sie sich auf den Beziehungsmarkt.
- Überlegen Sie, wo Sie die gewünschten Leute am ehesten antreffen.
- Knüpfen Sie so viele Freundschaften wie möglich; beschränken Sie sich nicht auf ein eng begrenztes Wunschprofil.
- Vermarkten Sie sich gut – pflegen Sie Ihre äußere Erscheinung und Ihren Konversationsstil.

Wählen Sie die richtigen Orte Suchen Sie neue Bekanntschaften an Orten, an denen Sie sich gern aufhalten. Wenn Sie beispielsweise einen Kunstliebhaber suchen, finden Sie ihn möglicherweise im Museum.

TIPP **Die richtige Person zu finden, ist wie ein Gewinn bei einer Verlosung: Wer nicht mitspielt, kann auch nichts gewinnen.**

Freundschaften knüpfen

Einen guten Partner finden Sie am besten, indem Sie viele gute Freundschaften knüpfen und pflegen. Wenn es Ihnen in Wahrheit nur um eine Intimbeziehung geht, finden Sie es möglicherweise überflüssig, so viele Freundschaften zu knüpfen. Dennoch erhöhen Sie damit die Chance, den richtigen Partner zu finden, und Sie nehmen den Druck aus der Anfangsphase einer Bekanntschaft. Zeigen Sie sich jeder neuen Bekanntschaft gegenüber aufgeschlossen und interessiert, indem Sie fragen, zuhören und erzählen; das ist erfolgversprechender als jede stereotype Anmache.

Erweitern Sie Ihren Horizont

Setzen Sie auf ein breites Spektrum von Freundschaften – vermeiden Sie das Alles-oder-nichts-Prinzip, bei dem Sie alles von der einen Begegnung erwarten, von dem einen Abend, von dem einen

Gewinnen Sie neue Freunde mit FORE

Es gibt eine Formel, wie Sie jemanden rasch kennenlernen können, selbst wenn Ihnen dafür nur fünf Minuten zur Verfügung stehen. Ihr Name ist FORE.

- **F** Familie *(family)*
- **O** Beruf *(occupation)*
- **R** Hobbys *(recreation)*
- **E** Ausbildung *(education)*

Diese Gesprächsthemen eignen sich besonders dafür, jemanden in recht kurzer Zeit näher kennenzulernen. Sie können dann auf die üblichen Anmachsprüche verzichten – die ohnehin mitunter kontraproduktiv sind. Beginnen Sie ohne Umschweife damit, nach gemeinsamen Interessen, Lebensansichten, Hintergründen und Wünschen zu suchen. Damit erzeugen Sie in jedem Fall einen positiven Eindruck, ganz gleich, ob Sie anschließend die gefundenen Gemeinsamkeiten vertiefen oder sich stattdessen einer anderen Person zuwenden, die Ihnen interessanter erscheint.

Fallstudie: Schüchternheit überwinden

Jane war sehr schüchtern und hatte Schwierigkeiten, neue Freunde zu gewinnen. Einladungen zu Feiern schlug sie fast immer aus, um nicht mit ihr unbekannten Menschen sprechen zu müssen. Die Angst, nicht zu wissen, was sie sagen sollte, war so groß, dass sie sich ganz in ihr Schneckenhaus zurückzog. Eines Tages wurde sie zu einer Hochzeitsfeier eingeladen, auf der sie kaum jemanden kennen würde. Nachdem sie von der FORE-Formel erfuhr, nahm sie die Einladung an und ging die Prinzipien auf dem Weg zur Feier im Kopf durch. Nach einem anfänglichen Moment des Unbehagens gelang es ihr, auf andere Gäste zuzugehen und erfolgreich ein Gespräch zu beginnen.

- *Die Formel half Jane, sich selbst und die eigene Schüchternheit vorübergehend zu vergessen. Sie konnte sich ernsthaft auf Gespräche einlassen und wurde für andere zugänglicher.*
- *Die Regeln der Formel erleichterten es ihr, dem Gespräch zu folgen, es nach einer Pause neu zu beleben oder das Wort anderen zu überlassen, wann immer ihr die Themen ausgingen.*

potenziellen Partner. Trainieren Sie die Kunst der Geselligkeit in entspannter Atmosphäre und experimentieren Sie mit unterschiedlichen Menschen und unterschiedlichen Konversationsstilen, damit Sie sehen, womit Sie am besten zurechtkommen.

Hinterlassen Sie einen guten Eindruck

Versuchen Sie, so gut wie möglich auszusehen, indem Sie sich einen neuen Haarschnitt zulegen, ein neues Hemd beziehungsweise eine neue Bluse kaufen oder Ihr Lieblingsoutfit tragen. In sämtlichen Partnervermittlungssendungen im Fernsehen wird viel Wert auf die äußere Erscheinung gelegt, weil sie ganz maßgeblich ist für die Wirkung auf andere – sowohl unmittelbar als auch über den Umweg eines gesteigerten Selbstbewusstseins und eines sicheren Auftretens.

TIPP Wer auf sein Äußeres achtet, bezeugt damit sowohl sich selbst als auch der Umwelt seinen Respekt.

Freundschaft und Partnerschaft

Freundschaften und Beziehungen tun gut. Studien haben gezeigt, dass es den Menschen besser geht und sie weniger anfällig für psychische Probleme und körperliche Gebrechen sind, solange sie liebevolle Beziehungen pflegen.

Erweitern Sie Ihren Horizont

Neue Interessen können das Sprungbrett für mehr Selbstvertrauen sein.

Neue Freundschaften stehen für neue Interessen – Menschen, Kulturen, Erfahrungen und Hobbys. Vielleicht werden Sie durch eine neue Bekanntschaft angeregt, einen Abendkurs zu besuchen oder einem Buchklub beizutreten; Sie werden zu einem Aktivurlaub eingeladen oder ermuntert, ein Projekt in Angriff zu nehmen, zu dem Ihnen bislang der Mut, die Energie oder die geeignete Gesellschaft fehlte. Mit den Freunden Ihrer Freunde wächst Ihr Bekanntenkreis und auch Ihr Freizeitleben verändert sich. Mit dem Bekanntenkreis wächst auch Ihr Selbstvertrauen. Es gibt mehr Menschen, die Ihnen emotionalen Halt geben, und Sie fühlen sich stark genug, sich auf neue Bereiche einzulassen.

Pflegen Sie Ihre Freundschaften

Freundschaften und Bekanntschaften wollen jedoch gepflegt sein. Die moderne Technologie kann sich dabei als sehr hilfreich erweisen. Wenn die Zeit nicht reicht, um mit allen Freunden zu telefonieren oder Briefe und Postkarten zu wechseln, tut es auch einmal eine E-Mail oder eine SMS. Nicht jede Freundschaft hängt davon ab, dass Sie sich regelmäßig sehen, und es gibt Freunde, mit denen Sie sich nach langer Pause immer noch so eng verbunden fühlen, als hätten Sie sich erst gestern gesehen. Andere Freundschaften benötigen jedoch regelmäßige Pflege,

---

TIPP **Wenn Sie mit einer neuen Bekanntschaft sprechen, sollten Sie einen positiven und interessierten Ton anschlagen. Fragen Sie sich, ob Sie selbst Ihr Freund sein wollten.**

Nützliche TECHNIKEN

Gehen Sie vor jeder Veranstaltung und jedem Treffen im Kopf die Fragen durch, die sich anbieten, um mit anderen ins Gespräch zu kommen.

Geschlossene Fragen erfordern eine Ja/Nein-Antwort, während offene Fragen eine sehr viel ausführlichere Erwiderung provozieren.

1 Geschlossene Fragen ziehen in der Regel keine lange Erwiderung nach sich, eignen sich aber gerade deswegen gut als unaufdringliche Eröffnungsfragen.

2 Offene Fragen mit Fragewörtern wie »was«, »wo«, »wer« oder »wann« führen zu längeren Antworten, die das Gespräch möglicherweise ein gutes Stück weiterbringen und Anknüpfungspunkte für neue Fragen liefern.

3 Noch ausführlichere Antworten erhalten Sie mit »Wie«- und »Warum«-Fragen: »Warum haben Sie ...« oder »Ich würde so gern mehr erfahren über ...«

um nicht zu verkümmern. Jede Freundschaft beruht auf Gegenseitigkeit – Sie sollten stets bereit sein, zu geben und zu nehmen. Im Unterschied zu einer Paarbeziehung hat eine Freundschaft keinen ausschließlichen Charakter, sie lässt dem Einzelnen mehr Raum und muss regelmäßig bestätigt werden.

Positives Feedback

Gute Freunde können Ihr Selbstvertrauen stärken. Wenn Sie sich Ihrer selbst nicht sicher sind und beispielsweise anlässlich eines anstehenden Vorstellungsgesprächs Rückenstärkung benötigen, können Sie einen Freund fragen, worin er Ihre Fähigkeiten, Erfolge und Stärken sieht. Bitten Sie ihn, drei Dinge zu nennen, die er an Ihnen mag. Fragen Sie ihn, wie er Sie einem Dritten gegenüber beschreiben würde, oder überlegen Sie selbst, wie eine solche Beschreibung aussehen könnte. Wenn Sie das nächste Mal moralische Unterstützung benötigen, können Sie sich seine Worte vergegenwärtigen.

Überprüfen Sie Ihre Freundschaften

Wie jeder Mensch unterhalten Sie ein Netzwerk unterschiedlichster Beziehungen, seien es Liebesbeziehungen oder Freundschaften. Manche geben Ihnen mehr Kraft als andere. In manchen sind Sie der Vater oder die Mutter (im buchstäblichen oder übertragenen Sinne), während Sie in anderen das Kind sind. Überprüfen Sie Ihre Beziehungen daraufhin, welche davon sich positiv oder negativ auf Ihr Selbstwertgefühl auswirken. Sie können diese Übung im Kopf oder schriftlich durchführen. Markieren Sie jeden Eintrag mit einem Plus- oder Minuszeichen. Berücksichtigen Sie sämtliche Beziehungen – Partner, Eltern, Kinder, Altersgenossen, Geschwister, Freunde und Kollegen – oder beschränken Sie sich auf bestimmte Gruppen wie beispielsweise Ihre Freunde.

Eine typische Checkliste Werden Sie sich über den emotionalen und praktischen Charakter der Beziehung klar.

Meine Freundschaft mit Andrei – Checkliste

- *Fühle ich mich in seiner Gegenwart und nach Treffen mit ihm gut?*
- *Untergräbt er mein Selbstwertgefühl?*
- *Kann ich ihm wirklich vertrauen?*
- *Kann ich mich vollkommen auf ihn verlassen?*
- *Wie würde er reagieren, wenn ich eine seelische Krise hätte?*
- *Wie verhielte er sich, wenn ich dringend praktische Hilfe benötigte?*
- *Bin ich in der Beziehung das Kind oder der Vater/die Mutter?*
- *Ist unsere Beziehung für beide Seiten hilfreich?*
- *Behandeln wir uns gegenseitig als gleichwertig?*
- *Versucht er mich zu dominieren? Versuche ich ihn zu dominieren?*
- *Unterstützt er mich in meinen beruflichen/persönlichen Entscheidungen?*
- *Bietet er mir konstruktive Kritik?*

Freundschaften analysieren

Verbringen Sie mehr Zeit mit positiven Freunden und weniger Zeit mit negativen Leuten. Anhand der folgenden Aussagen können Sie feststellen, zu welchem Typus Ihre Freunde gehören:

In Gegenwart von Freund A fühle ich mich zuversichtlich und positiv	In Gegenwart von Freund B fühle ich mich unsicher und mutlos
Nach Treffen mit Freund A fühle ich mich gut	Nach Treffen mit Freund B fühle ich mich schlecht
Ich sollte mehr Zeit mit Freund A verbringen	Ich sollte weniger Zeit mit Freund B verbringen

Hören Sie auf die Antworten

Die Antworten auf diese und weitere Fragen, die sich daraus ergeben können, können Ihnen bei der Entscheidung helfen, ob Sie mehr oder weniger Zeit mit bestimmten Leuten verbringen sollten. Manche Menschen bevorzugen Freunde mit weniger Selbstvertrauen – das verschafft ihnen selbst ein Gefühl der Überlegenheit. Sie sind gewissermaßen das Elternteil in der Beziehung. Überlegen Sie, ob diese Beschreibung auf die eine oder andere Ihrer Beziehungen zutrifft. Verhalten Sie sich selbst stets so, dass Ihre Freunde die Beziehung als Stärkung und Bereicherung empfinden?

Auswertung der Checkliste

Bei der Analyse Ihrer Freundschaften stellen Sie möglicherweise fest, dass es da jemanden gibt, dem Sie komplett vertrauen, der Ihnen stets konstruktives Feedback gibt, Sie ermuntert und unterstützt – ein Mutmacher und kein Mutlosmacher. Vielleicht erscheint dieser Mensch plötzlich in einem anderen Licht – als potenzieller Partner. Freundschaften benötigen ebenso wie Liebesbeziehungen Pflege; auch in Ihnen gibt es gute und schlechte Momente, und die Beteiligten müssen bereit sein, sich aufeinander einzulassen und gemeinsam Verantwortung zu tragen.

TIPP **Bleiben Sie in Freundschaften stets offen – vermeiden Sie jedes Schubladendenken.**

An Beziehungen arbeiten

Beziehungen sind wundervoll, aber auch zerbrechlich. Alles, was auf einem emotionalen Fundament ruht, birgt Schwachstellen und Konfliktherde. Sie und Ihr Partner müssen dieses Fundament so stark wie möglich machen und Ihre Beziehung wie ein Gebäude pflegen, ihm zusätzlichen Halt geben und ihm vielleicht von Zeit zu Zeit einen Frühjahrsputz und einen neuen Anstrich gönnen. Haben Sie erst einmal einen Partner gefunden, der Ihnen ein gutes Gefühl vermittelt, müssen Sie daran arbeiten, dass das auch so bleibt.

Emotionales Gepäck

Versuchen Sie, die Reise in eine neue Beziehung mit leichtem Gepäck anzutreten. Zu viel emotionaler Ballast hindert Sie am Fortkommen. Lassen Sie alle vorgefassten Meinungen über sich selbst und über Beziehungen im Allgemeinen hinter sich. Wenn Sie aus Ihrer letzten Beziehung Verletzungen davongetragen haben, sollten Sie nicht davon ausgehen, dass sich dasselbe wiederholt, um es nicht heraufzubeschwören. Stellen Sie sich den Wechsel in die neue Beziehung wie einen Umzug vor, und nehmen Sie nur Dinge mit, die Sie für ein positives Umfeld unbedingt benötigen.

Positives Selbstbild

Begreifen Sie eine Beziehung als die Begegnung zweier gleichwertiger Menschen, die in freier und positiver Entscheidung zueinander gekommen sind. Ignorieren Sie nicht Ihren eigenen Wert, Ihren Beitrag, Ihre Fähigkeiten und Ihre Attraktivität. Versuchen Sie nicht, der perfekte Partner zu sein: Perfektionismus untergräbt das Selbstwertgefühl. Unrealistische Ziele erzeugen nur Unzufriedenheit. Orientieren Sie sich stattdessen an Zukunftsvisionen – in Bezug auf Sie selbst und Ihre Beziehung, aber auch in ganz anderen Bereichen wie Beruf, Hobbys und gesellschaftliches Engagement.

TIPP **Ihr Selbstvertrauen ist wie ein emotionales Trampolin. Mit der von ihm gespendeten Energie können Sie sich aus gelegentlichen Beziehungstiefs wieder aufschwingen.**

Retten Sie Ihre Beziehung

Wenn die Beziehung zu Ihrem Partner in unruhiges Fahrwasser gerät, sollten Sie darauf achten, dass Ihr Selbstwertgefühl keinen Schaden nimmt.

Legen Sie sich rechtzeitig eine Copingstrategie zu, mit der Sie sich und Ihre Beziehung schützen können, bevor einer von Ihnen emotional unter die Räder kommt.

- Gestehen Sie sich das Problem ein.
- Widerstehen Sie der Versuchung, die Schuld dafür ausschließlich sich selbst zuzuschreiben.
- Notieren Sie Ihre Sorgen und Bedürfnisse, wie sich das Problem für Sie darstellt und welchen Ausweg Sie sehen.
- Vereinbaren Sie einen geeigneten Zeitpunkt, um über das Problem zu sprechen.
- Beschreiben Sie das Problem jeweils mit eigenen Worten; lassen Sie einander ohne Unterbrechung ausreden und verlieren Sie nicht die Geduld.
- Diskutieren Sie den nächsten Schritt; verständigen Sie sich auf einen Kompromiss, eine Lösung oder einen Handlungsplan.

Checken Sie Ihre Beziehung Betrachten Sie Ihren Partner und Ihre Beziehung nicht als Selbstverständlichkeit. Sprechen Sie regelmäßig über Ihre Gefühle.

Zusammenfassung: Beziehungen

Selbstvertrauen spielt in allen Beziehungsfragen eine wichtige Rolle – vom ersten Kennenlernen bis zur Bildung einer festen Partnerschaft. Wenn Sie über ausreichend Selbstvertrauen verfügen, können Sie Krisensituationen leichter durchstehen.

Wie Selbstvertrauen eine Beziehung stärkt

1 Positives Gefühlsleben

- Nehmen Sie Ihre eigenen Gefühle ernst und lernen Sie, ihnen Ausdruck zu verleihen
- Fragen Sie sich, was Ihre Gefühle Ihnen mitteilen
- Ersetzen Sie negative und destruktive Gefühle durch positive
- Nutzen Sie vergangene Erfolge zur Stärkung Ihres Selbstvertrauens, um offen für neue Kontakte zu sein

2 Verabredungen

- Seien Sie kein Stubenhocker, sondern suchen Sie Orte auf, an denen Sie Gleichgesinnte treffen können
- Achten Sie auf Ihr Äußeres – ein gepflegtes Outfit stärkt Ihre Selbstsicherheit und damit Ihre Attraktivität
- Überwinden Sie Ihre Schüchternheit mithilfe der FORE-Formel, um neue Kontakte zu bekommen
- Entspannen Sie sich vor wichtigen Begegnungen, indem Sie den Ablauf im Voraus vor Ihrem inneren Auge durchspielen

3 Dauerhafte Freundschaften

Konzentrieren Sie sich auf Freundschaften und spannen Sie ein großes Netz – vielleicht finden Sie so Ihren Partner

Mit der Zahl Ihrer Kontakte und Ihrer Interessen wird auch Ihr Selbstvertrauen wachsen

Pflegen Sie Ihre Freundschaften sorgfältig – nur wenn sich beide Seiten engagieren, bleibt eine Freundschaft stabil

Analysieren Sie Ihre Freundschaften und verbringen Sie mehr Zeit mit denjenigen Freunden, die Ihnen ein positives Gefühl vermitteln

4 Partnerschaften

Vergleichen Sie den Beginn einer neuen Beziehung mit einem Wohnungsumzug – befreien Sie sich von möglichst viel emotionalem Ballast

Versuchen Sie nicht, der »perfekte« Partner zu sein; erwarten Sie auch von Ihrem Partner keine Vollkommenheit

Beleben Sie Ihre Beziehung von Zeit zu Zeit mithilfe eines »Gesundheitschecks«

Verstehen Sie Selbstvertrauen als emotionales Trampolin, das es Ihnen erlaubt, gelegentliche Krisen erfolgreich zu meistern

Liebesbeziehungen auf dem Prüfstand

Wenn Ihr Vertrauen in eine Beziehung schwindet, sollten Sie die Art, wie Sie zueinander stehen und miteinander umgehen, genauer unter die Lupe nehmen. In die Jahre gekommene Beziehungen lassen sich durchaus erneut beleben.

Gesundheitscheck für die Beziehung

In jeder Partnerschaft gibt es von Zeit zu Zeit Probleme. Überprüfen Sie die Gesundheit Ihrer Beziehung anhand der folgenden Fragen-

Der Ist-Zustand unserer Beziehung

- *Gehen wir heute seltener aus als früher? Feiern wir unseren Geburtstag, unseren Kennenlerntag, unseren Hochzeitstag noch so wie früher?*
- *Haben wir die Angewohnheit, uns gegenseitig vor unseren Freunden zu kritisieren?*
- *Nehmen wir unsere Mahlzeiten mittlerweile vor dem Fernseher anstatt beim gemeinsamen Gespräch am Esstisch ein?*
- *Interessieren wir uns stärker als früher für andere Männer/ Frauen, wenn wir zusammen ausgehen?*
- *Ziehen wir es im Bett vor zu lesen, anstatt uns miteinander zu beschäftigen?*
- *Haben wir beide das Gefühl, dass wir etwas neben uns stehen?*

liste: Wenn die Antwort auf die Mehrheit dieser Fragen »Ja« lautet, müssen Sie sich genauer mit Ihrer Beziehung befassen. Wiewohl eine gewisse Ernüchterung nach dem ersten romantischen Überschwang normal ist, heißt das nicht, dass die Gegenwart des jeweils anderen zur Selbstverständlichkeit werden sollte. Helfen Sie Ihrer Beziehung auf die Beine, indem Sie sich ein oder zwei Wochen lang ganz besonders umeinander bemühen.

Die Beziehung stärken

Versuchen Sie zwei oder drei Wochen lang, die Gesundheit Ihrer Beziehung mithilfe der folgenden Maßnahmen zu testen. Dabei wird sich zeigen, ob mit Ihrer Beziehung alles zum Besten steht – oder nicht.

- Sagen Sie eine Woche lang nur positive Dinge über und zu Ihrem Partner.
- Rufen Sie sich die Eigenschaften Ihres Partners in Erinnerung, die ihn einst überhaupt interessant für Sie gemacht haben. Konzentrieren Sie sich darauf und machen Sie ihm entsprechende Komplimente.
- Merken Sie sich in Ihrem Kalender mehrere Termine pro Woche vor, um gemeinsam auszugehen – Sie beide allein.
- Suchen Sie sich eine gemeinsame Beschäftigung – etwas, was Sie sich immer schon gewünscht, aber niemals verwirklicht haben.

Stellen Sie am Ende der festgelegten Zeit fest, wie Sie sich fühlen. Ist Ihre Beziehung besser geworden? Falls nicht: Warum ist sie nicht besser geworden? Ist keiner von Ihnen gewillt, sich wirklich für die Beziehung einzusetzen? Wollen Sie die aktuellen Anstrengungen fortsetzen? Konzentrieren Sie sich auf diejenigen Maßnahmen, die sich am meisten bewährt haben.

Analysieren Sie die Schwachpunkte

Wenn Ihre Maßnahmen zur Wiederbelebung der Beziehung wenig fruchten, sollten Sie sich über den nächsten Schritt verständigen. Sprechen Sie darüber so viel und so ausführlich, wie Sie können. Beenden Sie Ihre Beziehung nicht überstürzt – Reuegefühle wegen eines unüberlegten Beziehungsabbruchs können Ihnen lange Zeit zu schaffen machen. Lassen Sie dabei nicht zu, dass Ihr Selbstbewusstsein unterminiert wird und Sie einfach aufgeben.

TIPP Ganz gleich, ob Sie beschließen, Ihre Beziehung fortzusetzen oder zu beenden, sollten Sie darauf achten, dass daraus eine positive Erfahrung wird – möglich ist das immer.

Treffen Sie eine Entscheidung

Wenn Sie oder Ihr Partner der Meinung sind, dass die Beziehung so gut wie tot ist, sollten Sie ein paar ernste Gespräche führen. Versuchen Sie, den Gesprächsfaden nicht abreißen zu lassen – eine Beziehung, die in Schweigen endet, schadet Ihrem Selbstvertrauen mehr als eine, in der die Partner weiter miteinander reden und sich respektieren. Denken Sie daran, dass es ein Leben nach der Beziehung gibt und dass diverse Strategien zur Auswahl stehen, um über das Scheitern dieser Beziehung hinwegzukommen und sich auf die nächste vorzubereiten.

Copingstrategien

Trauern Sie um den Verlust Ihres Partners. Tun Sie nicht so, als berühre Sie das nicht. Selbst wenn Sie das eine oder andere unternehmen können, um Ihren Kummer zu lindern und wieder nach vorn zu blicken, sollten Sie dabei eher in Zeiträumen von Monaten als von Wochen denken, sofern es sich um eine langjährige Beziehung gehandelt hat. Rechnen Sie nicht mit einer kurzen Erholungszeit.

5 Minuten Lösung

Widmen Sie täglich fünf Minuten Ihrer Zukunft. Denken Sie an sich selbst und sagen Sie sich:

- Ich bin selbstbewusst, kompetent und attraktiv.
- Ich bin nun um einige Erfahrungen reifer.
- Ich nehme ausschließlich Positives mit in die Zukunft.

Visualisierung

Rufen Sie sich das Bild Ihres Expartners ins Gedächtnis, wie er in den schlimmsten Augenblicken – beispielsweise mitten in einem Streit – war. Das hilft Ihnen, sich innerlich von ihm zu lösen. Damit tun Sie im Prinzip nichts anderes, als wenn Sie sich die liebsten Gewohnheiten und Gesten in Erinnerung rufen, nur mit umgekehrtem Vorzeichen; so bekommen Sie Ihre Gefühle besser in den Griff und können sich der Zukunft zuwenden. Trennen Sie sich von allem, was Sie an Ihren Expartner erinnert – vernichten Sie Fotos, Briefe und Geschenke. Mit diesem symbolischen Akt setzen Sie einen klaren Schlusspunkt.

Nützliche TECHNIKEN

Vermeiden Sie Selbstkritik und Selbstzweifel, wenn eine Beziehung zu Ende geht.

Nehmen Sie sich zehn Minuten Zeit für einen Beziehungscheck der etwas anderen Art:

1. Überlegen Sie, welche positiven neuen Dinge Sie über sich selbst in Erfahrung gebracht haben.
2. Stellen Sie fest, wie Sie sich in der Beziehung emotional weiterentwickelt haben. Vielleicht gehen Sie innerlich gestärkt aus der Beziehung hervor.
3. Wie können Sie die neu erworbenen Fähigkeiten auf andere Beziehungen übertragen?
4. Konzentrieren Sie sich auf die Früchte der Beziehung und nicht auf die Frage, wer deren Scheitern zu verantworten hat.

Machen Sie sich für die Zukunft frei

Indem Sie sich von Erinnerungsstücken trennen, vollziehen Sie eine Art Selbstreinigung; zugleich beugen Sie damit der Versuchung vor, in der Vergangenheit zu stöbern und ihr womöglich nachzutrauern. Es ist wichtig, dass Sie in die Zukunft blicken und Ihre Erwartungen und Hoffnungen auf neue Chancen und Horizonte richten. Erinnern Sie sich von Zeit zu Zeit an die Gründe, warum Sie sich von Ihrem Partner getrennt haben, und bestätigen Sie innerlich Ihre Entscheidung. Idealisieren Sie eine vergangene Beziehung nicht, aber verteufeln Sie sie auch nicht. Es hilft Ihnen auf Ihrem Weg in die Zukunft nicht, wenn Sie sich immer wieder mit den Gründen des Scheiterns befassen. Stürzen Sie sich nicht kopfüber in die nächste feste Beziehung, sondern testen Sie unterschiedliche Möglichkeiten, Bekanntschaften zu schließen. Unternehmen Sie einen Wochenendurlaub. Schauen Sie aktiv nach vorn und nicht passiv in die Vergangenheit.

TIPP **Lassen Sie Ihre vergangene Beziehung in Frieden ruhen und blicken Sie fröhlich in die Zukunft. Eine Obduktion bringt sie nicht wieder zum Leben.**

Ziehen Sie Bilanz

Wenn Sie Lust darauf haben, sollten Sie ruhig neue Leute kennenlernen, aber geben Sie sich für jedes Jahr, das Ihre Beziehung dauerte, einen Monat, bevor Sie sich wieder binden. Denken Sie eine Weile einfach nicht an Liebe; indem Sie sich emotional unter Druck setzen, machen Sie allzu leicht Fehler. Sie sollten nicht mit jedem Beliebigen ausgehen, sondern sich Ihre potenziellen Verabredungen sorgfältig aussuchen. Sehen Sie lieber genau hin, bevor Sie sich mit dem Erstbesten zufriedengeben, der sich an Ihnen interessiert zeigt. Sagen Sie sich, dass Sie sich gerade in einer Interimsphase befinden. Und wenn Sie denken: »Ich werde niemals wieder einen so wunderbaren Partner finden wie den letzten« – dies gilt vor allem, wenn nicht Sie es waren, der die Beziehung beendet hat –, dann schlagen Sie sich diesen Gedanken einfach aus dem Kopf.

Tagebuch

Es kann hilfreich sein, die eigenen Gedanken und Gefühle während der Tage und Wochen nach der Beendigung einer Beziehung schriftlich festzuhalten. Ein Tagebuch bietet Ihnen die Möglichkeit, zurückzublättern und festzustellen, wie gut Sie die Situation meistern, insbesondere an schlechten Tagen. Ein Tagebuch hilft auf mehrfache Weise:

- Sie können Ärger und Schmerz externalisieren, sich bis zu einem gewissen Grad von Ihren Gefühlen trennen und mehr über sich selbst in Erfahrung bringen.
- Indem Sie Ihre Einträge später erneut überfliegen, erkennen Sie, wie stark Ihr Denken von Ihren Gefühlen beeinflusst ist.
- Für das Tagebuch benötigen Sie täglich nur wenige Minuten. Schreiben Sie abends, wenn Sie entspannt sind, oder in Augenblicken, in denen Sie besonders aufgewühlt sind. Entscheiden Sie selbst, wie viel Sie schreiben und wie viel Zeit Sie sich dafür lassen.

Genießen Sie das Singledasein Nicht nur eine Beziehung hat ihre Vorteile, sondern auch das Singledasein. Nutzen Sie Ihre freie Zeit, um Freunde zu treffen, neue Aktivitäten auszuprobieren und die Ruhe zu genießen. Pflegen Sie Ihre Beziehung – zu sich selbst.

Single sein

Verbringen Sie Zeit mit Ihren positiv eingestellten, hilfreichen Freunden. Diese werden Ihnen Mut machen und Ihnen die nötige Kraft geben, um das verlorene Selbstvertrauen wiederzugewinnen. Werden Sie nicht zum Stubenhocker, obwohl Ihnen vielleicht nicht nach Ausgehen zumute ist. Nehmen Sie wenigstens ein oder zwei interessante Einladungen an. Verschanzen Sie sich nicht vor dem Fernseher. Gehen Sie mit Freunden aus und erleben Sie, wie interessant und erfüllend das Leben sein kann. Betrachten Sie das Leben aus neuen Blickwinkeln. Machen Sie neue Erfahrungen. Erstellen Sie eine Wunschliste und versuchen Sie, jede Woche mindestens zwei Punkte zu realisieren.

TIPP **Betrachten Sie Ihren Singlestatus als Chance und nicht als Strafe. Denken Sie vorläufig einmal nur an sich selbst.**

4

Arbeitsplatz

Selbstsicherheit im Berufsleben ist für viele Menschen ein ganz wichtiger Punkt. Vielleicht sind Sie an einer neuen Stelle innerhalb oder außerhalb Ihres Unternehmens interessiert, streben eine Gehaltserhöhung oder eine interessantere Tätigkeit an oder planen, Ihr eigenes Unternehmen aufzuziehen. Viele Menschen geben sich mit zweit- oder drittbesten Lösungen zufrieden; dieses Kapitel zeigt Ihnen, wie Sie Ihre Chancen optimal nutzen, indem Sie:

- sich beruflich stärker ins Rampenlicht rücken,
- die eigenen Stärken und Schwächen erkennen,
- die Technik des Mindmappings nutzen,
- erfolgreich Bewerbungsgespräche führen,
- überzeugend präsentieren,
- Ihr eigenes Unternehmen gründen.

Sichtbar werden

Manche Menschen sind zufrieden damit, jahrelang gewissenhaft, aber unsichtbar ihren Job zu verrichten. Dass Sie dieses Büchlein lesen, spricht jedoch dafür, dass Sie sich dieses Problems bewusst sind und etwas verändern wollen – Sie wollen bemerkt werden.

Gesehen und gehört werden

Zu Beginn seines Berufslebens wurde der Management-Guru Charles Handy einmal von seiner Frau gefragt, ob er auf seine Arbeit stolz sei. Auf seine Antwort, die Arbeit sei okay, erwiderte seine Frau, sie wolle den Rest ihres Lebens nicht mit jemandem verbringen, der sich mit »okay« zufriedengebe. Sich selbst zu exponieren und zu seinen beruflichen Ambitionen zu stehen, ist nicht ohne Risiko. Aber die Bereitschaft, Risiken zu tragen – und es müssen nicht einmal unbedingt die allergrößten Risiken sein –, ist eine wichtige Voraussetzung, um am Arbeitsplatz Gehör zu finden. Es ist eine ähnliche Situation, wie wenn wir im Ausland zum ersten Mal in der fremden Sprache sprechen: Wir machen vermutlich Fehler, doch sofern wir es gar nicht erst versuchen, gibt es kein Gespräch und keinen Lernerfolg.

Es ist wichtig, dass Sie selbst und andere an Sie glauben.

Entscheiden Sie sich fürs Selbstbewusstsein

Wie jede andere ist auch die Beziehung zwischen einem Unternehmen und seinen Mitarbeitern keine Einbahnstraße. Während Kinder in Familien, in denen viel Selbstvertrauen üblich ist, häufig ebenfalls ein starkes Selbstbewusstsein entwickeln, findet die Zuversicht eines Unternehmens im Selbstvertrauen seiner Mitarbeiter ihre Entsprechung. Zuversicht und Selbstvertrauen sind ansteckend. Sie dringen von der Chefetage in die Fabrikhalle und andersherum. Wenn Sie das Gefühl haben, dass Ihr Job Ihnen Ihre Energie und Ihre Zuversicht raubt, sollten Sie überlegen, ob Sie Ihr Arbeitsumfeld von innen heraus ändern, den Arbeitsplatz wechseln oder Ihre Einstellung zur Arbeit und zum Arbeitsplatz ändern können.

Machen Sie sich sichtbar

Es gibt mehrere Möglichkeiten, um im beruflichen Umfeld verstärkt wahrgenommen zu werden. Die folgenden Vorschläge zeigen Ihnen, wie Sie sich auf positive Art und Weise sichtbar machen können.

Es handelt sich jedoch nur um Vorschläge. Sie müssen selbst herausfinden, wie Sie in Ihrer speziellen Rolle oder in Ihrem speziellen Unternehmen stärker ins Rampenlicht treten können.

- Melden Sie sich freiwillig für Aufgaben und Projekte, vor denen andere zurückschrecken, und zeigen Sie, was Sie können.
- Machen Sie eigene Lösungsvorschläge für bestehende Probleme.
- Halten Sie Fristen stets ein.
- Bitten Sie Ihren Vorgesetzten, Ihnen anspruchsvollere Aufgaben zu übertragen.
- Seien Sie stets darauf vorbereitet, Ihre Erfolge zu präsentieren und Ihr Vorgehen zu rechtfertigen.
- Identifizieren Sie schwache Performancebereiche und schlagen Sie eine Verbesserungsstrategie vor.
- Handeln Sie, anstatt zu reagieren. Heben Sie sich von der Menge ab.
- Entwickeln Sie eine positive Haltung gegenüber Veränderungen; beharren Sie nicht auf Vertrautem.

Ergreifen Sie das Wort Vielleicht erschreckt es Sie anfangs, Ihre eigene Stimme zu hören. Aber Ihre Kollegen werden Ihre Meinung schätzen und Ihre Selbstsicherheit wird rasch wachsen.

Machen Sie sich Ihre Stärken klar

Erstellen Sie eine Liste Ihrer beruflichen Stärken. Überlegen Sie, welche besonderen Befähigungen Sie Ihrem Unternehmen bieten können und welchen Gebrauch es davon macht. Wenn Sie Schwierigkeiten haben, einen Zusammenhang zwischen Ihren Stärken und Ihrer Tätigkeit herzustellen, können Sie stattdessen überlegen, was Sie für die Menschen in Ihrem persönlichen Umfeld – Familienmitglieder, Freunde und Kollegen – leisten. Machen Sie sich bewusst, wie stark Ihr eigenes Leben davon beeinflusst ist, und nutzen Sie Ihre Stärken als Grundlage Ihres Selbstbilds.

Positive persönliche Eigenschaften lassen sich immer auch beruflich nutzen.

Fragen Sie Ihre Vertrauten

Fragen Sie Ihre engsten Freunde und Kollegen, worin Ihre größten Stärken bestehen. Diese Menschen kennen Sie am besten und können Ihnen am zuverlässigsten erzählen, was Sie auszeichnet. Bitten Sie um eine objektive und ehrliche Einschätzung und fügen Sie die positiven Eigenschaften, die Ihre Freunde Ihnen attestieren, Ihrer Liste hinzu. Unterschätzen Sie nicht Ihren eigenen – beruflichen und privaten – Beitrag. Versuchen Sie zu Beginn, folgende Fragen zu Ihrem Verhältnis zu Familie und Freunden zu beantworten:

- Welchen positiven Einfluss habe ich auf sie?
- Wie beeinflusse ich ihr Wohlgefühl?
- Kann ich mit praktischen Ratschlägen dienen?
- Bin ich ein guter Zuhörer? Kann ich Geheimnisse für mich behalten?
- Biete ich Hilfe und Unterstützung?
- Bin ich ein ehrlicher, positiver, belastbarer und verlässlicher Freund?

Machen Sie aus Ihren Eigenschaften das Beste und bilden Sie daraus im Geiste eine Gesamtheit, die Sie beruflich weiterbringt.

TIPP Treffen Sie Karriereentscheidungen selbstbewusst; legen Sie dabei Ihre Stärken in die Waagschale.

Machen Sie sich Ihre Schwächen bewusst

Notieren Sie jetzt Ihre beruflichen Schwächen. Bitten Sie auch diesmal Ihre engsten Freunde und Kollegen um eine ehrliche Einschätzung. Das Eingeständnis dieser Schwächen stellt selbst keine Schwäche dar. Selbsterkenntnis ist eine wichtige Voraussetzung für den beruflichen und privaten Erfolg. Wichtig ist, dass Sie Ihre Grenzen in allen Lebensbereichen kennen. Berufliche Schwächen können Sie möglicherweise mit zusätzlichem Training kompensieren.

Nutzen Sie Ihre Stärken

Nachdem Sie Ihre Stärken ermittelt haben, können Sie versuchen, von ihnen zu profitieren. Machen Sie sich klar, dass nicht jeder über diese Stärken verfügt. Um aus Ihren Stärken Kapital zu schlagen, müssen Sie sie auch vermarkten. Wenn Sie gut recherchieren, dafür aber nur schlecht verkaufen können, sollten Sie sich dies eingestehen und sich auf Ihre Stärken konzentrieren. Versuchen Sie nicht, in allen Bereichen zu brillieren. Besondere Fähigkeiten in einem Spezialbereich sind ein nicht zu unterschätzender Wert.

Befreien Sie sich von Ihren Ängsten

Wovor haben Sie am meisten Angst? Was wäre die größte Peinlichkeit? Setzen Sie sie in den Satz unten ein und befolgen Sie die vorgeschlagenen Schritte.

- Angenommen, ... tritt ein. Welche Konsequenzen hätte das?
- Wie blöd stehe ich da? Und vor wem?
- Was ist, wenn ich mich lächerlich mache?
- Könnte ich mit Humor und Ironie Boden gutmachen?
- Was wäre die letzte Konsequenz, sollten sich meine Befürchtungen bewahrheiten?

Indem Sie – in Abwandlung der Übung aus Kapitel 2 – die Konsequenzen unerwünschter Ereignisse auflisten, kommen Sie schließlich an den Punkt, an dem Sie »Na und?« sagen und zur Tagesordnung zurückkehren.

Mindmaps

Im Jahr 1974 stellte Tony Buzan sein Mindmapping-Konzept vor. Mittlerweile sind seine Ideen auf der ganzen Welt bekannt – sie basieren auf dem Prinzip, dass einzelne Wörter ganze Assoziationsketten im Gehirn auslösen können.

Das Konzept

Beim Mindmapping notieren Sie eine zentrale Idee und ordnen diesem Zentrum einen Strahlenkranz weiterer Ideen zu. Diese assoziativen Verknüpfungen beschreiben Ihre Denkweise besser als die traditionellen Listen. Die zweidimensionale Darstellung regt das nichtlineare Denken an und erleichtert die Suche nach Problemlösungen. Mit ihrer Hilfe können Sie sich Ihr Gehirn buchstäblich »erwandern«.

Mindmaps ermöglichen es, den Denkprozess abzubilden.

Anwendung

Die Methode des Mindmappings eignet sich dazu, Informationen festzuhalten, zu organisieren, zusammenzufassen und auszuwählen und auf diese Weise komplexe Sachverhalte gedanklich zu durchdringen. Mithilfe einer Mindmap lassen sich Zusammenhänge so darstellen, dass die Gesamtstruktur eines Projekts sichtbar wird. Nachdem Sie Ihr zentrales Thema notiert haben, fügen Sie weitere Dinge hinzu, die Ihnen dazu in den Kopf kommen. Auf diese Weise können Sie Fakten leichter memorieren und sich wieder ins Gedächtnis zurückrufen und die Rechen- und Speicherkapazität Ihres Gehirns effektiver nutzen. Auf Seite 83 sehen Sie ein Beispiel. Um das Instrument optimal nutzen zu können, müssen Sie jedoch Ihren eigenen Stil entwickeln und trainieren. Dann können Sie damit Berichte strukturieren, Präsentationen planen und sich auf Bewerbungsgespräche vorbereiten.

Wörter sind wie Nägel, um daran Ideen aufzuhängen.
Amerikanisches Sprichwort

Wie Sie eine Mindmap anfertigen

Versuchen Sie, Ihr gegenwärtiges Leben mit einer Mindmap zu beschreiben. Lassen Sie Ihren Gedanken freien Lauf, während Sie die Landkarte zeichnen – folgen Sie dem Fluss Ihres Bewusstseins, ohne zu analysieren.

- Überlegen Sie, welcher Bereich Ihres Lebens Sie bislang nicht zufriedenstellt und in welchem Bereich sich ein kreativer Lösungsansatz anbietet. Beginnen Sie mit einem Schlüsselwort oder einem Bild in der Mitte eines leeren Papierbogens – wählen Sie einen nicht zu eng gefassten Begriff, wie beispielsweise »Karriere«, »Zufriedenheit« oder »Beziehungen«. Reichern Sie Ihre Darstellung mittels Farben energetisch an. Farben und Bilder stimulieren das Gedächtnis.
- Beschränken Sie sich bei jedem Eintrag auf ein oder zwei Wörter.
- Verbinden Sie schrittweise weitere Ideen mit diesem zentralen Begriff. Auf diese Weise erhalten Sie ein mehrstufiges Baumdiagramm.
- Lassen Sie Ihre Gedanken so frei wie möglich schweifen. Analyse und Sortierung kommen später.

Freies Denken Die Methode des Mindmappings hilft Ihnen, kreative Assoziationen zu bilden, auf die Sie unter anderen Umständen möglicherweise nicht kommen würden.

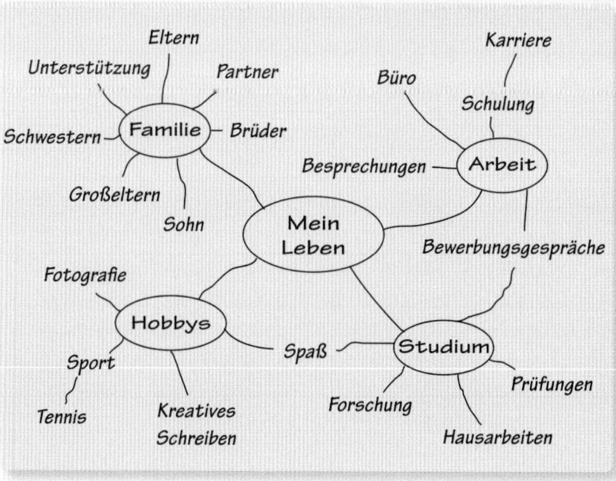

Mindmaps im Berufsalltag

Im beruflichen Kontext können Sie mit Mindmaps Zeit sparen und die Effizienz erhöhen. Sie können sämtliche Fragen und Antworten auf einem Blatt Papier unterbringen und brauchen keine getrennten, unübersichtlichen Listen anzulegen. Sie bleiben flexibler, als wenn Sie Ihre Gedanken in linearer Ordnung notieren. Während Sie in die Einzelheiten gehen, behalten Sie dennoch das gesamte Bild im Blick. Indem eine Mindmap den Denkprozess abbildet, fördert sie die Kreativität und erleichtert es uns, unsere Ideen festzuhalten.

Erstellen Sie Ihre eigenen Mindmaps

Versuchen Sie, ein berufliches Problem mittels einer Mindmap darzustellen, die Sie anschließend einem Kollegen zeigen, damit Sie gemeinsam auf Lösungssuche gehen können. Bilden Sie die Beziehung zu einem Kunden in einer Mindmap ab und fügen Sie im Lauf der Entwicklung dieser Beziehung neue Verzweigungen hinzu. Auch bei der Klärung schwieriger beruflicher Beziehungen können Mindmaps gute Dienste leisten. Beide Seiten können die Probleme klarer erkennen und gemeinsam nach kreativen Lösungsansätzen suchen.

Fallstudie: Klärung des Problems

Chang hatte eine leitende Position in der Personalabteilung und fühlte sich oft gestresst, konnte aufgrund ihrer familiären Situation jedoch auch nicht länger arbeiten. Sie sprach darüber auf einem Problemlösungsworkshop. Die Gruppe fertigte eine Mindmap all ihrer Probleme an. Dabei kam heraus, dass Chang nach dem Ausscheiden einer Kollegin zwei Jobs zu bewältigen hatte und dass sie darüber mit ihrem Vorgesetzten nicht gesprochen hatte, weil sie es für seine Sache hielt, sie darauf anzusprechen. Auch mit ihrem Ehemann hatte sie nicht über ihren Frust gesprochen.

- *Die Mindmap verhalf Chang zu der Erkenntnis, dass ihre Probleme im Kern von ihrem mangelnden Selbstbewusstsein herrührten.*
- *Chang verstand, dass sie ihre Gefühle fortan ihrem Umfeld explizit mitteilen musste, um etwas zu bewirken.*
- *Gespräche mit ihrem Ehemann und ihrem Vorgesetzten verbesserten ihre berufliche und private Situation.*

Gemeinsam eine Mindmap entwickeln

Die Methode des Mindmappings bietet sich als Problemlösungsinstrument sowohl für Gruppen als auch für Einzelpersonen an. Versuchen Sie, Ihr Team mittels Mindmapping dazu zu ermuntern, kreative Problemlösungen zu finden.

Denkweisen Mindmapping regt die Teammitglieder an, sich ihre Denkweise – als Einzelperson und in der Gruppe – bewusst zu machen.

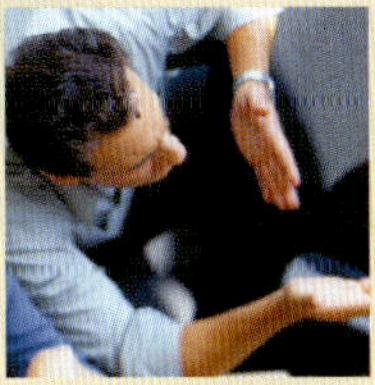

Alle einbeziehen Beim Mindmapping kann sich jeder unabhängig von seinem Status und seinem Platz in der Firmenhierarchie beteiligen.

Visualisierung Bestimmen Sie einen Anwesenden, der die Mindmap schriftlich fixiert und sukzessive ergänzt, damit die Veranstaltung nicht zu chaotisch wird.

TIPP **Mindmapping als Gruppenveranstaltung hilft, ein Problem oder ein Ziel klarer herauszuarbeiten und zugleich ein Gespür dafür zu entwickeln, wie die Kollegen denken.**

Bewerbungsgespräch: Vorbereitung

Selbstsicherheit im Vorstellungsgespräch ist eine Frage der Planung, Vorbereitung und Übung. Sie müssen sich vor und während des Gesprächs aktiv um einen Erfolg bemühen. Dieser Abschnitt beschreibt geeignete Planungs- und Vorbereitungstechniken.

Ablauf des Einstellungsgesprächs

Egal, ob Sie innerhalb Ihres Unternehmens die Karriereleiter erklimmen oder den Arbeitgeber wechseln wollen, Sie müssen in der Lage sein, sich in Bewerbungsgesprächen selbstbewusst zu präsentieren. Auch wenn solche Interviews möglicherweise nicht das ideale Umfeld bieten, um einen Menschen kennenzulernen und zu beurteilen, sind sie in den meisten Unternehmen gängige Praxis. Häufig sind die Mitarbeiter, die das Gespräch führen, selbst nicht besonders geübt; manche erzählen mehr, als dass sie fragen, während andere lediglich nach Kandidaten mit ähnlicher Denkweise Ausschau halten, anstatt sich auf das Risiko einzulassen, Menschen mit ganz anderen Vorstellungen, Hintergründen und Visionen ins Boot zu nehmen.

Die Vorstandsetage

In der Vielfalt liegt die Stärke Im ersten Fall verfügen die Führungskräfte über ähnliche Fähigkeiten und Denkweisen, im zweiten Fall über unterschiedliche. Welche Konstellation ist effizienter?

Vielfalt

Einige der besten Unternehmen bemühen sich aktiv um Mitarbeiter mit unterschiedlichen Talenten und Hintergründen. Man spricht hier auch von Diversity Management. Die Firmenleitung weiß, wie wichtig es ist, dass die Vielfalt der Kundschaft in der Zusammensetzung der eigenen Belegschaft ihre Entsprechung findet. Sie legt Wert auf neue Ideen und breit gestreute

Wie Sie sich erfolgreich bewerben

POSITIVE WIRKUNG	NEGATIVE WIRKUNG
• Recherchieren Sie das beste Unternehmen in Ihrem Bereich	• Sich bei Unternehmen bewerben, die nicht zu einem passen
• Ergründen Sie die Unternehmenspolitik in den Feldern, die Ihnen wichtig sind	• Zu spät feststellen, dass die Unternehmenspolitik mit den eigenen Ansichten inkompatibel ist
• Entwickeln Sie an Tagen der offenen Tür ein Gespür für das Unternehmen	• Vor einem Bewerbungsgespräch nur unzureichend Recherche betreiben
• Machen Sie sich ein Bild von Wettbewerbern, die das Unternehmen schlucken könnten	• Nicht erkennen, dass das Unternehmen ein Übernahmekandidat ist
• Sprechen Sie mit Menschen, die Erfahrungen mit der Firma haben	• Erst nach Jobantritt herausfinden, dass das Unternehmen als schlechter Arbeitgeber bekannt ist

Fähigkeiten und betreibt eine Politik der Offenheit. Sie kennt die Stärken eines diversifizierten Teams im Umgang mit besonders anspruchsvollen Kunden. Es ist die Kombination von Fähigkeiten, neuen Sichtweisen und einem reichen Erfahrungsschatz, die ein starkes Team ausmacht. Wenn die Führungskräfte alles durch dieselbe Brille sehen und sich schwerpunktmäßig in ein und demselben Bereich auskennen, läuft das Unternehmen Gefahr, in eingefahrenen Verhaltens- und Denkweisen zu erstarren.

Auf der Suche nach dem richtigen Arbeitgeber

Beginnen Sie Ihre Suche nach einem geeigneten Arbeitgeber mit einer Recherche der besten Unternehmen in Ihrem Bereich. Viele Wirtschaftsmagazine veröffentlichen jedes Jahr eine Liste der besten Arbeitgeber, an der Sie sich orientieren können. Recherchieren Sie im Internet und lesen Sie einschlägige Zeitschriften. Geben Sie sich nicht mit zweitklassigen Jobs in zweitklassigen Unternehmen zufrieden. Sonst werden Sie dort bald genauso unglücklich sein wie in Ihrem bisherigen Job. Lassen Sie sich nicht zu überstürzten Entscheidungen hinreißen.

TIPP Gute Firmen haben Mitarbeiter, die sich verstehen und ein breites Spektrum an Fähigkeiten bieten.

Psychometrische Tests

Immer mehr Unternehmen setzen mittlerweile psychometrische Tests ein, um sich ein strukturiertes Bild von der Persönlichkeit, den Fähigkeiten und den Interessen der Bewerber zu machen – um also festzustellen, ob ein Bewerber für eine bestimmte Tätigkeit geeignet ist. Arbeitgeber können damit große Mengen von Bewerbungen in einem frühen Stadium filtern und auf diese Weise viel Zeit und Geld sparen. Für Sie als Bewerber bietet sich hier die Gelegenheit, Ihre Eignung für den Job unter Beweis zu stellen.

Tests selbstbewusst meistern

Je mehr Bewerbungsgespräche Sie führen, desto vertrauter werden Sie mit dem Instrument des psychometrischen Tests. Manche Arbeitgeber stellen vor dem Gespräch eine Beispielsammlung möglicher Fragen bereit; nutzen Sie diese Chance, um sich entspannter vorzubereiten.

Wie der Test funktioniert

»Psychometrie« bedeutet »Messung psychischer Erscheinungen«. Lassen Sie sich davon nicht einschüchtern; die Tests dienen dazu, ganz bestimmte Eigenschaften zu ermitteln; sie selbst wurden ausführlich getestet. Gute Unternehmen setzen qualifiziertes Personal ein, das mit den Möglichkeiten und Grenzen der Tests vertraut ist.

- Die Tests können in Papierform oder elektronisch – möglicherweise online – erfolgen.
- Sie sind in zahlreichen Branchen und Bereichen üblich, beispielsweise in IT-Unternehmen, Ingenieurbüros, Versorgungsunternehmen, Banken, Beraterfirmen, in der Buchhaltung und im Einzelhandel, wobei es jeweils spezielle Tests für die jeweiligen Aufgabenbereiche gibt.
- Es gibt keine richtigen oder falschen Antworten; die Interviewer interessieren sich weniger für die konkreten Fakten als vielmehr für die darin enthaltenen Hinweise auf die Charaktermerkmale und Stärken der Kandidaten.

TIPP **Absolvieren Sie so viele Übungstests wie möglich, um Ihre Selbstsicherheit und Ihr Tempo zu verbessern. Dann sind Sie im Ernstfall weniger nervös.**

Vorbereitende Recherche

Finden Sie im Vorwege heraus, ob im Rahmen Ihres Bewerbungsgesprächs ein psychometrischer Test geplant ist. Die folgenden Hinweise werden Ihnen helfen, sich optimal auf den Test vorzubereiten:

- Für verschiedene Aufgaben werden unterschiedliche Persönlichkeiten gesucht – versuchen Sie also nicht, sich zu verstellen, sondern präsentieren Sie sich, wie Sie sind.
- Die Tests sollen zeigen, ob Sie über die von Ihnen behaupteten Fähigkeiten auch tatsächlich verfügen – schummeln oder übertreiben Sie deshalb nicht.
- Antworten Sie konsequent und reden Sie niemandem nach dem Mund.
- Bitten Sie um eine Kopie der Resultate. Es ist Ihr gutes Recht, den schriftlichen Bericht zu kommentieren.
- Ihre Antworten dienen nicht der peniblen Faktenermittlung, sondern der Ergründung Ihrer charakterlichen Eigenschaften.

Fragen Sie Ihre Gesprächspartner, welches Gewicht dem Test im Rahmen des Einstellungsgesprächs zukommt und wie stark die Entscheidung für einen Kandidaten vom Testergebnis abhängt. Gute Interviewer werden erwidern, dass der Test ihnen hilft, während des Gesprächs die richtigen Fragen zu stellen. Jede weiter gehende Rolle spricht für einen missbräuchlichen Einsatz des Tests.

Einen psychometrischen Test absolvieren

POSITIVE WIRKUNG

- Antworten Sie klar und unumwunden
- Entwickeln Sie dem Test gegenüber eine positive Einstellung – er hilft auch Ihnen
- Stellen Sie während des Gesprächs interessierte Fragen zum Test

NEGATIVE WIRKUNG

- Ausweichend oder mit Übertreibungen antworten
- Dem Test mit Misstrauen begegnen
- Im Bewerbungsgespräch andere Antworten geben als im Test

Bewerbungsgespräch: Durchführung

Werden Sie schon beim bloßen Gedanken an ein Bewerbungsgespräch nervös, erhalten Sie nun einige nützliche Tipps. Stellen Sie sich vor, wie Sie auf die Frage »Warum sollten wir Sie beschäftigen?« selbstsicher erwidern: »Weil Sie sich eine andere Entscheidung nicht leisten können.«

Bereiten Sie Ihren Auftritt vor

Vorbereitung ist der Schlüssel zum erfolgreichen Vorstellungsgespräch. Wer wie ein Kaninchen im Scheinwerferlicht erstarrt, sobald er gefragt wird, wie sein Beitrag für das Unternehmen aussehen könnte, hat bereits verloren. Auf Fragen, von denen Sie im Voraus wissen können, dass sie gestellt werden, sollten Sie sich so vorbereiten, dass Sie sie flüssig und selbstsicher beantworten können. Wie in fast allen Lebenssituationen sind Sie viel ruhiger und souveräner, wenn Sie wissen, womit Sie rechnen müssen und wie Sie darauf überzeugend reagieren können. Schließlich wollen Sie einen guten Eindruck machen, sich in ein gutes Licht setzen und etwas bieten, was Sie vor anderen Bewerbern auszeichnet. Beglückwünschen Sie sich selbst, dass Sie es bis zum Gespräch gebracht haben, und beginnen Sie mit der Vorbereitung.

Bewerbungsgespräche führen

POSITIVE WIRKUNG

- Halten Sie die Wegbeschreibung griffbereit und treffen Sie pünktlich oder einige Minuten früher ein
- Kleiden Sie sich sorgfältig und situationsangemessen; achten Sie auf Frisur und Accessoires
- Bringen Sie Ihren Lebenslauf, Stift und Papier sowie eine Liste mit Ihren Fragen mit
- Treten Sie wie jemand auf, der den Job unbedingt haben möchte

NEGATIVE WIRKUNG

- Den Interviewer mit der Begründung, das Gebäude sei so schwer zu finden gewesen, warten lassen
- Ungepflegt wirken und einfallslos gekleidet erscheinen
- Ohne Lebenslauf und vorbereitende Notizen erscheinen; den Interviewer um Stift und Papier bitten
- Nervös, negativ und unsicher erscheinen

Mindmap für ein Vorstellungsgespräch

Sie können sich auf ein Bewerbungsgespräch rasch und effektiv vorbereiten, indem Sie seinen erwarteten Verlauf in einer Mindmap festhalten. Fügen Sie Ihre Fragen, Antworten und Notizen zu einem landkartenartigen Gesamtbild zusammen.

Betrachten Sie dieses Bild als Spiegel Ihres Denkens. Nehmen Sie ein Blatt Papier und schreiben Sie in die Mitte »Interviewer«. Einige mögliche Verzweigungen finden Sie im Folgenden aufgelistet – aber natürlich kann Ihre persönliche Mindmap auch ganz anders aussehen:

- Kleidung und Frisur
- Timing
- Körpersprache
- Vorbereitung: Fragen und Antworten
- Erfahrungen und Qualifikationen
- Berufliche und private Erfolge
- Soziale Kompetenz (mit Beispielen)
- Ziele und Ambitionen
- Stärken und Schwächen
- Nachbereitung und Nachfassen

Wie wird das Gespräch ablaufen?

Ermitteln Sie im Voraus die Form des Bewerbungsgesprächs: Wird Ihnen eine Gruppe von Interviewern oder ein einzelner Interviewer gegenübersitzen? Werden Gruppenaktivitäten eine Rolle spielen? Müssen Sie eine Präsentation halten? Von welcher Dauer und vor wie vielen Zuhörern? Stellen Sie fest, ob psychometrische oder andere Tests vorgesehen sind. Fragen Sie, ob Sie sich im Anschluss an das Gespräch die Büros ansehen und mit Mitarbeitern sprechen können (hören Sie dabei auf Ihr Gefühl; gegebenenfalls können Sie diese Bitte auf eine spätere Gelegenheit verschieben). Je mehr Sie im Voraus wissen, desto überzeugender können Sie sich präsentieren.

Beobachten Sie und hören Sie zu. Sie können nicht alles wissen; wer diesem Wahn aufsitzt, ist zur Mittelmäßigkeit verdammt.

Donald Trump

Präsentieren Sie sich positiv

Konzentrieren Sie sich auf die Fakten und auf die Darstellung Ihrer Erfolge. Ihr neuer Arbeitgeber will wissen, welche Kombination aus Erfahrungen und Kompetenzen Sie mitbringen und welchen positiven Einfluss Sie auf das Team haben werden.

Ihr Arbeitgeber braucht positive Beweise, dass Sie willens und in der Lage sind, sich weiterzuentwickeln. Er sucht nach einem Topkandidaten. Überlegen Sie sich die folgenden Punkte:

- *Was haben Ihre Qualifikationen und Erfahrungen mit dem Job zu tun?*
- *Welchen positiven Einfluss hatte Ihre Tätigkeit auf Gewinn und Umsatz Ihres bisherigen Unternehmens (mit Prozentangaben)?*
- *Inwieweit haben Sie zur Erweiterung der Kundenbasis beigetragen (mit Prozentangaben)?*
- *Wie kamen Sie mit einem großen oder schwierigen Team zurecht, und wie gut gelang es Ihnen, Mitarbeiter zu motivieren und zu entwickeln?*
- *Wie erfolgreich konnten Sie bei Konflikten vermitteln?*
- *Wie gut gelang es Ihnen, die richtigen Mitarbeiter ins Team zu holen und ineffiziente Mitarbeiter zu motivieren oder zu entlassen?*
- *Konnten Sie die Einhaltung von Qualitätsstandards und Fristen verbessern?*
- *Welche innovativen Produkte und Verfahren haben Sie eingeführt?*
- *Wie vermieden oder lösten Sie Krisen?*
- *Welche Projekte initiierten/beendeten/retteten Sie?*
- *Wie halten Sie sich in Ihrem Gebiet fit?*

TIPP **Machen Sie sich ein Bild von Ihrem Marktwert, indem Sie professionelle Stellenvermittler und Bekannte fragen. Verwenden Sie diese Information bei Bedarf.**

Antworten vorbereiten

Überlegen Sie sich die Antworten zu Fragen, die Ihnen mit Sicherheit gestellt werden. Bereiten Sie auf jede mögliche Frage bis zu vier positive Antworten vor. Ihre Mindmap hilft Ihnen, sie sich einzuprägen. Wenn Sie beispielsweise gefragt werden, wie Ihr Vorgesetzter Sie beschreiben würde, könnten Sie sagen: positiv, kreativ, fleißig, effizient, ein Problemlöser und ruhiger Krisenbewältiger. Übergehen Sie in diesem Stadium die Schwächen. Warten Sie, bis Sie danach gefragt werden. Informieren Sie sich im Voraus über Ihren neuen Arbeitgeber, damit Sie durch relevante Fragen Ihr Wissen demonstrieren können.

5 Minuten Lösung

Verwenden Sie diese Seiten als komprimierten Leitfaden.

- Die letzten Minuten vor einem Bewerbungsgespräch sind häufig die nervenzehrendsten.
- Kopieren Sie sich diese Seiten, nehmen Sie sie mit und gehen Sie sie im Falle von Wartezeit nochmals durch.

Seien Sie klar und ehrlich

Illustrieren Sie Ihre Antworten mit Beispielen und machen Sie Ihre Kompetenzen glaubhaft. Eine allzu ausufernde Beschreibung Ihrer Problembewältigungskünste ist kontraproduktiv. Erläutern Sie kurz und ohne Umschweife das Problem, Ihre Lösung und das Endergebnis. Werden Sie gebeten, Ihren Lebenslauf zu erörtern, sollten Sie sich auf die wichtigsten Stationen konzentrieren. Verzichten Sie auf die Details, und bemühen Sie sich, Brüche und Lücken so plausibel und ehrlich wie möglich zu begründen. Wenn Sie gefragt werden, warum Sie sich verändern wollen, sollten Sie vermeiden, schlecht über Ihren bisherigen Arbeitgeber zu reden. Legen Sie den Schwerpunkt besser auf Ihre Ziele und Ihren Wunsch nach mehr Verantwortung und größeren Herausforderungen. Seien Sie auf Fragen nach Ihren vermeintlichen Schwächen gefasst. Indem Sie offen dazu stehen, demonstrieren Sie Selbstbewusstsein. Verwandeln Sie Schwächen so weit möglich in Stärken. »Man nennt mich manchmal einen Perfektionisten« ist ein Beispiel. Erklären Sie, wie Sie mit Ihren Schwächen umgehen.

Zeigen Sie sich von Ihrer besten Seite

Bevor Sie den Raum betreten, sollten Sie sich entspannen. Es ist möglich, zugleich gelassen, positiv und dynamisch zu sein; das bedeutet nicht lässig (was gleichgültig wirken kann), sondern ruhig und selbstsicher. Versuchen Sie, mit Ihrer Körpersprache das zum Ausdruck zu bringen, was Sie fühlen: »Sie suchen nach einer Lösung und ich bin diese Lösung. Sie wollen mich und ich will für Sie arbeiten.« Halten Sie diese Botschaft während des gesamten Gesprächs durch. Schicken Sie dem Interviewer nach dem Gespräch eine Nachricht, in der Sie ihm für seine Zeit danken und Ihr Interesse an dem Job bekunden. Betrachten Sie eine Absage als Lernchance. Bitten Sie um hilfreiche Hinweise, was Sie das nächste Mal besser machen können. Bleiben Sie positiv und bewerben Sie sich auch weiterhin für Stellen, die Sie interessieren.

Nützliche TECHNIKEN

Beruhigen Sie Ihre Nerven im Vorfeld eines Bewerbungsgesprächs, indem Sie sich vorstellen, Sie hätten den Job bereits in der Tasche. Spielen Sie vor Ihrem inneren Auge folgendes positives Szenario ab:

1. Sie sitzen bereits an Ihrem neuen Schreibtisch. Sie müssen lediglich noch dieses kleine Gespräch hinter sich bringen und können anschließend loslegen.
2. Stellen Sie sich den Gesprächsablauf vor – Sie betreten selbstsicher den Raum, begrüßen die Anwesenden freundlich und machen sich einen ersten Eindruck von ihnen.
3. Ihre erste Antwort wird gut aufgenommen und bildet den Auftakt zu einem interessanten Gedankenaustausch.
4. Sie genießen das Ereignis, erhalten ermunterndes Feedback und verlassen den Raum mit einem guten Gefühl und einem festen Handschlag.

TIPP Visualisieren Sie den Erfolg, den Sie sich wünschen. Unser Gehirn wird nicht nur von dem konditioniert, was wir sehen und hören, sondern auch von unserer Vorstellungskraft.

Begeisterung zeigen

Intelligent zu wirken kann nicht schaden. Noch wichtiger ist es jedoch, dass Sie Ihrem Enthusiasmus Ausdruck verleihen. Möglicherweise müssen Sie bewusst darauf achten, dass Sie die richtigen Körpersignale aussenden. Kontrollieren Sie Ihre Gesten, machen Sie ein freundliches Gesicht. Die ersten Minuten dienen dazu, eine Beziehung aufzubauen; hören Sie aktiv zu, wenn der Interviewer Ihnen Informationen zum Job und zum Unternehmen gibt.

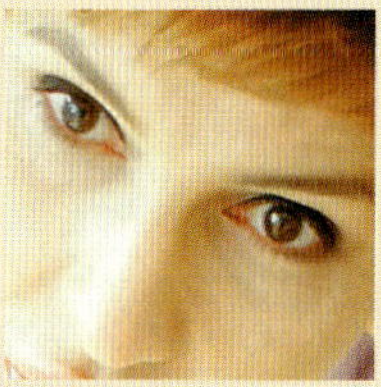

Blickkontakt Blicken Sie dem Interviewer zuversichtlich in die Augen.

Körperhaltung Lehnen Sie sich etwas vor, um Interesse zu demonstrieren

Hände Legen Sie die Hände locker ineinander, damit Sie offen, zugänglich und entspannt wirken.

Zusammenfassung: Bewerbungsgespräche

Sie haben sich für eine Stelle beworben und sind zum persönlichen Vorstellungsgespräch eingeladen worden. Sie müssen sich jetzt sorgfältig vorbereiten und das Gespräch aktiv gestalten. Nutzen Sie die folgende Zusammenfassung als Anleitung für ein selbstsicheres Auftreten, damit Sie aus dieser Chance das Beste machen.

Der Weg zur Selbstsicherheit

1 Planung und Recherche

- Bereiten Sie das Gespräch per Mindmapping vor, sodass Sie die Schlüsselbegriffe im Kopf haben
- Analysieren Sie Ihre Stärken und Schwächen mit Blick auf die Stellenbeschreibung – erwarten Sie keine absolute Übereinstimmung
- Erkundigen Sie sich nach der Form des Gesprächs, damit Sie sich auf mögliche Eignungs- und psychometrische Tests vorbereiten können
- Bringen Sie mehr über das Unternehmen in Erfahrung – sprechen Sie mit Leuten, die das Unternehmen kennen, und recherchieren Sie Wettbewerber

2 Fragen und Antworten

- Erstellen Sie eine Liste der wahrscheinlichsten Fragen und bereiten Sie zu jeder bis zu vier Antworten vor
- Formulieren Sie Ihre Antworten positiv – betonen Sie Ihre Erfahrungen und Fähigkeiten mit Beispielen aus Ihrem bisherigen Berufsleben
- Legen Sie sich Antworten zu Ihren Schwächen zurecht; halten Sie sich bereit, Lücken im Lebenslauf und schnelle Jobwechsel zu erklären
- Formulieren Sie Fragen, die zeigen, dass Ihnen das Unternehmen nicht unbekannt ist; erkundigen Sie sich nach der Bedeutung der Tests für die Kandidatenwahl

3 Am Tag selbst

Kleiden Sie sich situationsangemessen und achten Sie auch auf Frisur und Accessoires

Kommen Sie mit Lebenslauf, Stift, Notizblock und den Ergebnissen Ihrer Vorabrecherchen rechtzeitig zum vereinbarten Ort

Versuchen Sie, sich vor Betreten des Raumes zu entspannen – rufen Sie sich ein Bild des erfolgreichen Ausgangs vor das innere Auge

Betreten Sie den Raum ruhig und selbstbewusst wie jemand, der weiß, dass er gut vorbereitet ist

4 Während des Gesprächs

Drücken Sie mit Ihrer Körpersprache Begeisterung aus – verhalten Sie sich wie jemand, der den Job wirklich haben will

Antworten Sie ehrlich und unumwunden – konzentrieren Sie sich bei der Schilderung Ihrer bisherigen Erfolge auf die Fakten

Liefern Sie eine positive Begründung für Ihren Wunsch, den Job zu wechseln – sprechen Sie nicht negativ über Ihren bisherigen Arbeitgeber

Schicken Sie nach dem Gespräch einen Dank an Ihre Gesprächspartner und betonen Sie erneut Ihr Interesse an dem Job

Besprechungen

Eine Besprechung wird effizient, wenn sie kompetent geleitet wird, eine Tagesordnung vorliegt, ein Zeitlimit gesetzt wurde und die richtigen Leute daran teilnehmen. Lernen Sie, wie Sie in Besprechungen sicher auftreten.

Gesprächsleiter

An wie vielen langweiligen Besprechungen haben Sie nicht schon teilgenommen? Versuchen Sie als Gesprächsleiter, mit folgenden innovativen Methoden das Interesse der Teilnehmer zu wecken und sie zu einer konstruktiven Rolle zu ermuntern: Wechseln Sie den Veranstaltungsort. Verkürzen Sie die Sitzungszeit. Experimentieren Sie mit Brainstormingtechniken (mit festen zeitlichen Vorgaben). Ermuntern Sie die Anwesenden, die Zuständigkeit für die Umsetzung der eingebrachten Vorschläge selbst zu übernehmen. Bitten Sie jemanden, für einen Teil der Sitzung Ihren Platz einzunehmen.

Souverän an Besprechungen teilnehmen

Wenn Sie sich in einer Besprechung unsicher fühlen und sich scheuen, das Wort zu ergreifen, könnte die folgende Strategie Ihnen helfen. Sie ist dazu gedacht, Ihr Selbstvertrauen als Teilnehmer zu stärken:

- Studieren Sie im Voraus die Tagesordnung und achten Sie auf Themenbereiche, in denen Sie unsicher sind.
- Legen Sie sich Antworten auf mögliche Fragen zurecht, die Sie persönlich betreffen.
- Treffen Sie frühzeitig ein, um sich zu sammeln und einen guten Sitzplatz zu bekommen.
- Verschwenden Sie keine Kraft und Zeit damit, sich mit anderen zu vergleichen, die auf Sie einen selbstbewussteren und informierteren Eindruck machen.
- Verstecken Sie sich nicht, sondern melden Sie sich zu Wort – wer sich einbringt, erntet Aufmerksamkeit und Erfolg. Nach der Sitzung ist es für gute Ideen meist zu spät.
- Bringen Sie Ihre inneren Kritiker zum Schweigen. Lassen Sie Ihre wahre Stimme für sich sprechen.
- Klären Sie vor Ende der Sitzung die nächsten Handlungsschritte ab.

Effiziente Besprechungen

Prüfen Sie zuerst, ob die Sitzung wirklich erforderlich ist. Wählen Sie die beste Zeit und den besten Tag. Freitag um 17 Uhr ist für eine Brainstormingsitzung denkbar ungeeignet – die Teilnehmer haben lediglich den Feierabend und das bevorstehende Wochenende im Kopf –, für eine kurze Zusammenkunft zwecks Klärung eines konkreten Problems aber möglicherweise ideal. Geben Sie eine Tagesordnung vor, die die wesentlichen Ziele und die wichtigsten Schritte auf dem Weg dahin umfasst, und beschränken Sie den Teilnehmerkreis auf die unmittelbar Betroffenen. Machen Sie die Tagesordnung vor der Sitzung bekannt und erinnern Sie an eine lang im Voraus angekündigte Besprechung noch einmal am Vortag.

Selbstbewusste Gesprächsleitung

Fangen Sie pünktlich an und stecken Sie gleich zu Beginn einen Zeitrahmen ab. Halten Sie sich streng an die Tagesordnung. Als Moderator ist es Ihre Aufgabe, die Aufmerksamkeit der Teilnehmer auf das Thema zu fokussieren und Konflikte umgehend zu lösen. Versuchen Sie, alle Teilnehmer einzubeziehen, und hören Sie aufmerksam zu. Wiederholen Sie gefasste Beschlüsse mit Ihren Worten, und klären Sie rechtzeitig vor Ende der Besprechung, wer welche Aufgaben mit welchen Fristen übernimmt. Verteilen Sie das Protokoll umgehend – nicht später als vier Tage nach der Besprechung. Bitten Sie um Rückmeldung der Teilnehmer, um sie in den Prozess einzubinden.

Die Besprechung

Beginn
Pünktlicher Start ohne Rücksicht auf Zuspätkommer

↓

Strikte Befolgung der Tagesordnung in der genauen Reihenfolge ihrer Punkte

↓

Zusammenfassung der im Lauf der Diskussion gefassten Beschlüsse

↓

Ende
Klare Aufgabenzuteilung mitsamt den zugehörigen Fristen

Teamführung

Während Ihres Berufslebens kann sich die Rolle, die Sie innerhalb Ihres jeweiligen Teams spielen, von Zeit zu Zeit ändern. So könnte Ihre Aufgabe darin bestehen, in einem Team mitzuwirken, es aufzubauen, es zu motivieren oder zu leiten. Um erfolgreich ein Team zu leiten, müssen Sie wissen, was die Qualität eines Teams ausmacht.

Wie Sie mit Ihrem Team umgehen

Ein Team ist eine Gruppe von Mitarbeitern, aber nicht jede Gruppe von Mitarbeitern ist bereits ein Team. Sie bildet erst dann eine effektive Einheit, wenn sie ein gemeinsames Ziel verfolgt – mit einem kompetenten Leiter an der Spitze, der dafür Sorge trägt, dass die gewählte Strategie von allen Teammitgliedern verstanden und mit Elan umgesetzt wird.

Dazu müssen Sie die Teamleistung beobachten und analysieren. Sie müssen stets rechtzeitig erkennen, was das Team für seine Arbeit benötigt, und gegebenenfalls zusätzliche Unterstützung bereitstellen. Die Abstimmung mit anderen Teams innerhalb oder außerhalb des Unternehmens und die Erstellung von

Ein starkes Team Der Wert eines Teammitglieds liegt weniger in seinen individuellen Stärken als vielmehr in seinem Beitrag zur Gesamtleistung des Teams.

Effektive Teamführung

Stimmen Sie Strategie und Vision mit dem Team ab, aber delegieren Sie die Umsetzung an einzelne Teammitglieder.

- Demonstrieren Sie Selbstbewusstsein.
- Seien Sie verlässlich und berechenbar.
- Übernehmen Sie Verantwortung.
- Konzentrieren Sie sich auf Prioritäten und den Fortschritt des Gesamtprojekts.
- Lernen Sie, gut zuzuhören und effektiv zu kommunizieren.
- Zeigen Sie Elan und Einsatz und kommunizieren Sie ein Gefühl der Dringlichkeit.
- Seien Sie flexibel.
- Inspirieren Sie Ihr Team, anstatt es zu dirigieren.
- Nutzen Sie kreative Brainstormingmethoden, um neue Ideen zu entwickeln.

Fortschrittsberichten gehört ebenfalls zu Ihren Aufgaben. Lernen Sie Ihre Mitarbeiter mit ihren Stärken und Schwächen kennen. Fördern Sie die Zusammenarbeit und weisen Sie die einzelnen Aufgaben den richtigen Mitarbeitern zu. Ebenso wichtig wie die Kommunikation zwischen Ihnen und dem Team ist die positive Kommunikation zwischen den Mitarbeitern selbst. Erkennen Sie frühzeitig mögliche Reibungspunkte. Ermuntern Sie alle Teammitglieder, sich einzubringen und Feedback sowie konstruktive Kritik offen zu formulieren.

Ein effektives Team zusammenstellen

Die richtige Kombination von Mitarbeitern ist die Voraussetzung dafür, dass ein Team seine Ziele erfolgreich verwirklichen kann. Stimmen Sie die Kompetenzen der einzelnen Mitarbeiter so aufeinander ab, dass Sie in der Summe ein breit gestreutes Spektrum an Fähigkeiten erhalten. Vier Buchhalter, ein Hersteller und ein Kreativer beispielsweise sind für ein Werbeprojekt nicht optimal. Unternehmensberater kennen die Regel, wonach in einem erfolgreichen Team vier Eigenschaften vertreten sein sollten: analytische Fähigkeiten, Kreativität, Elan und Harmoniestreben. Sobald Ihr Team steht, sollten Sie ihm Ihr volles Vertrauen entgegenbringen.

Präsentationen

Viele Menschen fühlen sich plötzlich unsicher, wenn sie eine Präsentation halten sollen. Vorbereitung, Training und konstruktive Kritik machen aus Ihnen jedoch einen effektiven Redner, der es versteht, bei seinen Zuhörern Eindruck zu hinterlassen.

Machen Sie sich zu Ihrem Thema Gedanken

So banal es klingt: Eine Präsentation benötigt eine Botschaft. Überlegen Sie, was Sie mit Ihrer Präsentation sagen wollen, und machen Sie sich ein Bild von Ihrem Publikum.

Welche Vorkenntnisse wird es zu Ihrem Thema mitbringen? Wie viele Erklärungen müssen Sie selbst liefern? Was erwarten Ihre Zuhörer? Inwieweit können Sie Ihren Vortrag an die Bedürfnisse Ihrer Zuhörer anpassen? Gilt es, Überzeugungsarbeit zu leisten?

Das Publikums muss »gefesselt« werden, will man es nicht verlieren.

Überprüfen Sie Ihre Hilfsmittel

Fragen Sie sich, ob Ihr Vortrag vom Einsatz eines Overheadprojektors, einer PowerPoint-Präsentation oder anderer visueller Hilfsmittel profitieren würde. Kämen sie der Botschaft selbst zugute oder würden sie lediglich die Darbietung bunter machen?

Think SMART

Anstatt sich lange Gedanken über Ihre Rolle als Vortragender zu machen, sollten Sie sich in die Rolle eines Zuhörers versetzen und sich fragen, was Sie dann erwarten würden.

Laterales Denken dient einem doppelten Zweck:

- Ihre Nervosität nimmt spürbar ab.
- Indem Sie sich nicht mehr mit sich selbst beschäftigen, werden Sie lockerer und können kreativer darüber nachdenken, wie Sie die Präsentation für Ihre Zuhörer spannend gestalten können.

Lampenfieber

Die meisten Menschen hatten irgendwann in ihrem Leben schon einmal Lampenfieber. Am besten beugen Sie Lampenfieber vor, indem Sie so viel wie möglich im Voraus vorbereiten und sich anschließend entspannen.

Das Publikum ist in der Regel sehr viel nachsichtiger, als Sie denken. Versuchen Sie, ruhig und selbstsicher zu erscheinen, selbst wenn Sie innerlich keines von beidem sind. Folgende Tipps werden Ihnen helfen:

➡ Kleiden Sie sich der Situation entsprechend; ein helles Jackett mit Krawatte oder etwas Schmuck machen sich immer gut.

➡ Machen Sie sich mit dem Raum und seinen Funktionen – Einrichtung, Licht, Rednerpult und Tonanlage – vertraut.

➡ Atmen Sie tief durch, bevor die Präsentation beginnt, um innerlich zur Ruhe zu kommen und Ihrer Stimme mehr Volumen zu geben.

➡ Versuchen Sie sich zu entspannen und seien Sie ganz Sie selbst.

➡ Beginnen Sie mit einer gut vorbereiteten Einführung und folgen Sie anschließend einer sorgfältig geplanten, aber natürlich fließenden Struktur.

➡ Zeigen Sie Begeisterung für Ihr Thema und die Veranstaltung – beides wirkt ansteckend.

Präsentationsstrategien

POSITIVE WIRKUNG

- Entspannen Sie sich und geben Sie sich ganz natürlich
- Sprechen Sie Ihr Publikum in einem freundlichen Ton an und nehmen Sie sich die Zeit, eine Beziehung aufzubauen
- Richten Sie den Blick auf das Publikum, während Sie sprechen
- Laden Sie Ihre Zuhörer ein, Feedback zu geben und im Anschluss an den Vortrag Fragen zu stellen

NEGATIVE WIRKUNG

- Die eigene Nervosität hinter einer aufgesetzten Fassade verbergen
- Mit unbeteiligter Stimme sprechen, ohne den Versuch zu unternehmen, das Publikum zu begeistern
- Den Kopf gesenkt halten und vom Zettel ablesen
- Die Präsentation wie eine Predigt gestalten, anstatt sie als Chance zu begreifen, von anderen zu lernen

Unternehmensgründung

Je mehr Selbstvertrauen Sie haben, desto größeren Herausforderungen fühlen Sie sich gewachsen. Das könnte beispielsweise die Entscheidung sein, sich selbstständig zu machen. Vielleicht sehen Sie nur dann eine Möglichkeit, Ihr Potenzial voll auszuschöpfen.

Formulieren Sie Ihre Idee

Natürlich benötigen Sie eine Geschäftsidee, aber Sie brauchen auch eine Vision, bis wohin Sie kommen wollen und wie Sie dorthin gelangen. Wägen Sie die Vor- und Nachteile eines Alleingangs ab. Lassen Sie sich Zeit. Sie müssen Ihre Entscheidung gut überdenken; Sie brauchen Ihren bisherigen Job nicht sofort zu kündigen. Lassen Sie sich professionell beraten, prüfen Sie die Realisierbarkeit Ihrer Idee, diskutieren Sie darüber mit Bekannten und erkunden Sie die Wettbewerbssituation und die Finanzierungsmöglichkeiten.

Planen Sie Ihre Schritte

Zeit, die Sie in die Planung investieren, zahlt sich immer aus, und das Wissen darum, dass sich andere in derselben Lage befinden wie Sie selbst, ist bei einem Neuanfang stets tröstlich. Treten Sie Verbänden oder anderen Zusammenschlüssen bei, über die Sie mit anderen Start-ups in Berührung kommen. Dort erfahren Sie, welche Unterstützung und welche Finanzierungsmöglichkeiten verfügbar sind, und Sie können Kontakte knüpfen. Andere Geschäftsgründer können Sie ermuntern und inspirieren.

Analysieren Sie Ihre Ideen

Bestimmen Sie das Alleinstellungsmerkmal Ihrer Idee oder Ihres Produkts; inwiefern ist es anders, besser oder unverwechselbar?

Ermitteln Sie potenzielle Kunden für Ihr Produkt

Identifizieren Sie Ihre Wettbewerber in dem gewählten Sektor

Bestimmen Sie die Größe des Marktes, die zukünftigen Trends und was daraus für Ihre Idee folgt

Was zeichnet einen Geschäftsgründer aus?

Stellen Sie sich ein paar Fragen, um festzustellen, ob Sie ein Unternehmertyp sind. Versuchen Sie, Ihre Schwächen ebenso deutlich zu benennen wie Ihre Stärken.

	Ja	Nein
Will ich meinen Beruf selbstbestimmt ausführen?	☐	☐
Ist es mir ein Bedürfnis, einem Produkt oder einer Dienstleistung meinen persönlichen Stempel aufzudrücken?	☐	☐
Kann ich meine Geschäftsidee enthusiastisch verkaufen?	☐	☐
Kann ich mit Zurückweisung umgehen?	☐	☐
Bin ich bereit, viele Stunden zu arbeiten und mich damit von meinem sozialen Umfeld zu entfernen?	☐	☐
Bin ich bereit, mich notfalls finanziell einzuschränken?	☐	☐
Bin ich bereit, mich ganz auf meine Kunden einzustellen?	☐	☐
Ist Sicherheit für mich ein nachrangiger Motivationsfaktor?	☐	☐
Steht meine Familie hinter meiner Entscheidung?	☐	☐
Kann ich die schlechten Zeiten mit den guten wettmachen?	☐	☐

Sind Sie risikofreudig? Als selbstständiger Unternehmer müssen Sie Risiken gegenüber aufgeschlossen sein. Wenn Sie auf die Mehrzahl der obigen Fragen mit »Ja« geantwortet haben, bildet das eine gute Ausgangsbasis.

Es gibt Menschen, die sich ausschließlich dafür interessieren, warum die Dinge so sind, wie sie sind; ich aber träume von Dingen, die es niemals gab, und frage, warum dies so bleiben muss.

Robert F. Kennedy

5 Zukunft

Wenn Sie ein anregendes Buch lesen oder einen inspirierenden Kurs besuchen, hält die Begeisterung in der Regel nur wenige Tage vor. Anschließend setzt die Routine wieder ein. Ihr unmittelbares Umfeld (Menschen, berufliche Aufgaben und private Situation) ist unverändert und Ihr Veränderungseifer schwindet nach und nach, allen guten Absichten zum Trotz. In diesem letzten Kapitel erfahren Sie, wie Sie:

- Veränderungen initiieren und auf Dauer stellen,
- Ihre Ziele ergründen und verwirklichen,
- mehr Elan entwickeln,
- sich mit positiven, hilfreichen Menschen umgeben,
- mittels Visualisierung die Erfolgswahrscheinlichkeit erhöhen.

Veränderungen

Sobald Sie auch nur einen kleinen Aspekt Ihres Lebens verändern, übernehmen Sie Verantwortung für sich selbst – und solche kleinen Veränderungen können den Weg für größere ebnen. Menschen mit Selbstvertrauen blicken Veränderungen mit Optimismus statt mit Angst entgegen.

Schnelle Erfolge

Zeitmanagementexperten behaupten, dass es nur drei Wochen dauert, um eine alte Gewohnheit durch ein neues Verhalten zu ersetzen, und weitere neun Wochen, bis daraus wieder eine Gewohnheit geworden ist. Angenommen, die wichtigste Ursache für Ihr mangelndes Selbstvertrauen ist Ihre Schüchternheit. Wenn Sie es sich zur Regel machen, jeden Tag mit einem Ihnen bis dahin fremden Menschen zu sprechen, und sei es auch nur für einen kurzen Augenblick, wird Ihnen dieses Ritual nach drei Wochen schon viel weniger Probleme bereiten. Gehen Sie einen Schritt weiter und nehmen Sie sich vor, wöchentlich oder auch nur alle zwei Wochen eine Veranstaltung zu besuchen und dort jemanden anzusprechen.

Fallstudie: Erfolg zur Gewohnheit machen

Sasha, der als Werbeleiter arbeitete, hielt höchst ungern Präsentationen vor Kunden. Mit zwei oder drei Zuhörern hatte er kein Problem, aber bei größeren Gruppen begann sein Redefluss zu stocken und er erstarrte förmlich. Sein Vorgesetzter schlug den Besuch eines speziellen Schulungskurses vor. Der Erfolg war nicht zu übersehen: Sasha trug fortan viel souveräner vor.

- *Eines Tages stellte ihm ein Zuhörer anlässlich einer großen Präsentation eine Reihe aggressiver Fragen. Sasha geriet ins Stocken, der Zuhörer ließ nicht locker. Zuletzt besann sich Sasha auf das in der Schulung Gelernte und beantwortete die Fragen. Trotz einiger Pausen gelang es ihm, seine Präsentation fortzusetzen.*
- *Die Gewöhnung an den Erfolg ermöglichte es Sasha, eine vorübergehende Beeinträchtigung seiner Selbstsicherheit zu überwinden und erneut auf den Erfolgspfad zurückzukehren.*
- *Sasha lernte jedoch auch, dass er stets nur sein eigenes Verhalten steuern kann, auf das Verhalten anderer aber keinen Einfluss hat.*

Wenn Sie dies neun Wochen lang durchhalten, ist daraus bereits eine Gewohnheit geworden. Wenn Sie 30 Jahre lang schüchtern waren, sind zwölf Wochen nicht viel, um diese Gewohnheit zu durchbrechen.

Wählen Sie einen Einstieg

Wenn Sie in Ihrem Leben viele Dinge ändern wollen, fällt es Ihnen möglicherweise schwer, einen Anfang zu machen. Setzen Sie die richtigen Prioritäten.

Es ist einfacher, mit kleinen Veränderungen zu beginnen als mit großen.

- Beginnen Sie mit etwas Erreichbarem. Wenn Sie Mühe haben, in Besprechungen das Wort zu ergreifen, wählen Sie sich eine kleine, unbedeutende Besprechung, um ein neues Verhaltensmuster auszuprobieren. Nutzen Sie dazu nicht ausgerechnet eine Versammlung, bei der alle Unternehmensmitarbeiter anwesend sind. Arbeiten Sie sich langsam vor.
- Wählen Sie eine Fähigkeit, die Sie auszeichnet. Achten Sie darauf, dass Sie sich mit Dingen beschäftigen, die der Mühe wert sind. Sie brauchen ein klares, wünschenswertes Ziel, wenn Sie Veränderungen realisieren wollen.

Beharrlichkeit

Arbeiten Sie nur an ein oder zwei Themen zur gleichen Zeit. Selbst wenn Sie sich viele Veränderungen vorgenommen haben, verzetteln Sie sich sonst nur. Überlegen Sie sich, welche Veränderungen Ihnen am wichtigsten sind, und beginnen Sie damit. Bedenken Sie: Der Schlüssel zur Veränderung ist Beharrlichkeit. Üben Sie so lange, bis Ihnen die Veränderung natürlich erscheint. Zunächst müssen Sie sich mit dem Veränderungsprozess als solchem vertraut machen; später können Sie dann Ihre Ziele ausweiten.

TIPP **Nutzen Sie Rückschläge, um daran zu wachsen. Je mehr Rückschläge Sie überwinden, desto stabiler wird Ihr Selbstvertrauen.**

Ziele

Ziele zu haben ist eine wichtige Voraussetzung, um der Zukunft selbstbewusst entgegenzublicken. Bleiben Sie dabei jedoch flexibel; vielleicht erreichen Sie Ihre Ziele schneller als gedacht, vielleicht aber auch langsamer. Möglicherweise ändern Sie sogar eines Tages Ihre Ziele.

Ziele organisieren

Wenn Ihre Ziele unscharf sind, dann häufig deshalb, weil bestimmte Denkmuster Sie daran hindern, den nächsten Schritt zu tun. Wenn Sie beispielsweise immer schon in Frankreich leben und arbeiten wollten, die Idee aber niemals weiterverfolgt haben, sollten Sie sich fragen, was Sie davon abhält. Vermutlich antwortet Ihnen eine innere Stimme: »Ich kann kein Französisch«, »Es ist schwer, dort Arbeit zu finden« oder »Dieser Traum ist zu schön, als dass er sich realisieren ließe«. Diese Einwände sind insofern nicht stichhaltig, als Sie sich niemals die Mühe gemacht haben, sie zu überprüfen. Die Lösung besteht darin, das Ziel in seine Bestandteile zu zerlegen und diese genauer unter die Lupe zu nehmen. Solange Sie jedoch nichts unternehmen, behält Ihre innere Stimme recht – zwar müssen Sie nicht fürchten, Zeit und Energie vergeblich eingesetzt zu haben, aber Sie erreichen auch nichts.

Nur wer handelt, hat die Chance, seine Ziele zu verwirklichen.

Think SMART

Wenn Sie denken: »Dazu bin ich nicht imstande«, sollten Sie diese Worte einem anderen in den Mund legen.

- Stellen Sie sich vor, Ihr bester Freund behauptet, dass Sie es nicht schaffen werden.
- Erklären Sie ihm, warum er sich irrt.
- Indem Sie gedanklich Argumente gegen die negative Sichtweise sammeln, verhindern Sie, dass Sie sich weiter selbst sabotieren.

Ziele modifizieren

Sobald Ihr Denken flexibler wird, stellen Sie möglicherweise fest, dass Sie sich immer ambitioniertere Ziele stecken oder Ihre Ziele komplett verändern. Niemand verpflichtet Sie, unter allen Umständen an einem einmal formulierten Ziel festzuhalten. Vielleicht stellen Sie irgendwann fest, dass Ihr Ziel doch eher eine Träumerei war, die Sie sich am besten als Traum erhalten, anstatt dass Sie vergeblich versuchen, sie zu realisieren, oder sie komplett verleugnen.

Ziele sichtbar halten

Halten Sie Ihre Ziele schriftlich fest. Im Dickicht des Alltags vergessen Sie andernfalls allzu leicht, was Sie sich vorgenommen haben, und Ihre wahren Wünsche werden überlagert von trivialen Dingen, die in Wahrheit viel unwichtiger sind. Halten Sie Ihre Ziele griffbereit – vielleicht auf dem Nachttisch, an der Kühlschranktür oder im Tagebuch – und schauen Sie sie sich jede Woche an. Fragen Sie sich dann, ob Sie Fortschritte in Richtung Ihrer Ziele gemacht haben und ob die Ziele weiterhin gültig sind. Aus Zielen, die Sie nicht hinterfragen, werden allzu leicht unrealistische Träume. Ziele müssen aktuell, relevant und erreichbar sein.

Der Weg zur Veränderung

Sie träumen immer schon von einem Leben in Frankreich

↓

Recherchieren Sie die Möglichkeiten, in Ihrem Bereich einen Job in Frankreich zu finden

↓

Beginnen Sie mit einem abendlichen Französischkurs

↓

Machen Sie einen Wochenendausflug nach Frankreich und schauen Sie sich mögliche Arbeitsbereiche an

↓

Überprüfen Sie Ihr Ziel und sehen Sie, wie viel näher es mittlerweile gerückt ist

Kraftquellen

Antriebsarmut ist häufig ein Zeichen dafür, dass Sie mit Ihrem Umfeld nicht glücklich sind. Halten Sie nach Situationen und Menschen Ausschau, die Ihnen Kraft geben; überlegen Sie, was sie auszeichnet, und suchen Sie mehr davon.

Geben Sie anderen Kraft

Jeder weiß, wie anstrengend es ist, wenn jemand im Umfeld ständig unzufrieden ist. Das sind die Leute, die man ungern am Telefon hat, weil man sich schon nach einem kurzen Gespräch ausgelaugt fühlt. Fragen Sie sich, ob Sie sich jemals so verhalten. Natürlich kann man auch einmal unzufrieden sein, aber daraus sollte keine Gewohnheit werden. Andere werden beginnen, Sie zu meiden, falls Sie sich als Miesmacher gerieren. Sofern Sie sich selbst beim Lamentieren ertappen, sollten Sie sich beim Riemen reißen und das Gespräch in eine positivere Richtung lenken. Bitten Sie einen Freund, Sie zu warnen, sobald eine negative Ausstrahlung von Ihnen ausgeht. Auch wenn Sie sich innerlich gerade nicht als Motivator empfinden, können Sie anderen Kraft geben.

Kraftquellen variieren Manchmal gibt Ihnen ein Tag mit der Familie neue Kraft; zu anderen Zeiten muntert Sie ein anregendes Gespräch oder eine Diskussion mit einem Kollegen auf.

Nützliche TECHNIKEN

Arbeiten Sie daran, für andere eine Quelle der Kraft und Inspiration zu werden. Wenn Sie Ihre Mimik und Ihr Verhalten bewusst positiv ausrichten, werden andere positiv auf Sie reagieren und Ihnen helfen, aus Ihrem Rollenspiel Realität werden zu lassen.

Lernen Sie ab sofort, sich selbst zu mögen. Machen Sie bei sich selbst Werbung in eigener Sache:

1. Stellen Sie sich vor einen langen Spiegel. Studieren Sie sorgfältig Ihre Haltung.
2. Stellen Sie sich vor, Ihre Wirbelsäule würde an einem Seil nach oben gezogen. Nehmen Sie die Schultern zurück und stehen Sie gerade und locker.
3. Atmen Sie langsam, indem Sie bis fünf zählen. Atmen Sie genauso lange aus.
4. Zählen Sie fünf Dinge auf, auf die Sie sich heute freuen.
5. Erwidern Sie im Spiegel Ihren eigenen Blick und lächeln Sie sich zu. Wirken Sie so, dass man sich gern mit Ihnen unterhalten würde?

Wenn die Antwort nicht positiv ausfällt, sollten Sie die Übung so lange wiederholen, bis Sie einen aufgeschlossenen, einladenden und entspannten Eindruck machen.

Andere Kraftquellen

Tatkräftige Menschen sind extrovertiert und nicht introvertiert. Selbstbewusst sorgen sie dafür, dass ihre Bedürfnisse erfüllt werden, um anschließend zu schauen, was sie mit und für andere Menschen tun können. Schließen Sie sich mit anderen zupackenden Menschen zusammen, indem Sie ihre Qualitäten anerkennen und Interesse für sie zeigen. Bei Schüchternheit hilft die FORE-Technik, um ins Gespräch zu kommen; achten Sie darauf, dass Sie nicht nur selbst etwas erzählen, sondern auch aufmerksam zuhören. Verscheuchen Sie die alten Kobolde, die Ihnen zuraunen: »Warum sollte sich jemand, der glücklich und erfolgreich ist, mit mir abgeben?« Er wird es tun, weil Sie interessant und selbstbewusst sind – kurz, weil es sich lohnt, sich mit Ihnen abzugeben.

Wir scheitern häufiger mangels Elan denn mangels Geld.

Daniel Webster

Ansporn und Unterstützung

Solange Sie sich unsicher fühlen, neigen Sie dazu, sich bei Freunden und Kollegen anzulehnen. Sobald Ihr Selbstvertrauen wächst, wird diese Unterstützung zum Sprungbrett, das Sie zu größeren Erfolgen katapultiert.

Die richtige Ermunterung

Selbstsichere Menschen haben in der Regel größere Unterstützergruppen, weil sie leichter Kontakte knüpfen als Menschen mit weniger Selbstvertrauen. Sie haben sich bereits ein paar Vertraute ausgeguckt, die Ihnen zu Ihren Stärken und Ihrer beruflichen Performance Feedback geben. Um weiter Selbstvertrauen aufzubauen und auf diesem Wege Ihre Ziele zu erreichen, müssen Sie auf dieselben Leute zugreifen oder um sich eine größere Zahl von Menschen versammeln, die Sie in Ihren Veränderungsbestrebungen unterstützen und antreiben. Verwechseln Sie dabei nicht Sympathie mit Unterstützung. Beides schließt einander nicht aus, und Sympathie kann sehr wohltuend sein, solange es Ihnen an Selbstvertrauen mangelt: etwa wenn Sie einem Freund oder Kollegen von einer Situation erzählen, die schlecht für Sie ausging, und Ihr Freund oder Kollege daraufhin sein Mitgefühl bekundet. Kurzfristig kann das tröstend sein, aber es ändert nichts an Ihrer Bereitschaft, sich als Opfer zu betrachten, und es verhilft Ihnen auch nicht zu mehr Selbstsicherheit. Treten Sie stattdessen mit wachsendem Selbstvertrauen Schritt für Schritt aus Ihrer Komfortzone heraus und halten Sie nach Freunden Ausschau, die positive Vorschläge machen und Sie in Ihrem Veränderungsbestreben unterstützen.

Wie Freunde Sie unterstützen

POSITIVE WIRKUNG

- Sie machen Ihnen aktiv positive Veränderungsvorschläge
- Sie helfen Ihnen, den Blick auf eine erfolgreiche Zukunft zu richten
- Sie machen die positiven Aspekte der gegenwärtigen Situation deutlich

NEGATIVE WIRKUNG

- Sympathie bekunden ohne zukunftsgerichtete Aktivität
- Ausführlich über negative Ereignisse in der Vergangenheit sprechen
- Die Einstellung »Das Leben ist hart« verstärken

Körperliche Betätigung

Körperliche Aktivität bringt Sie auf optimistische und positive Gedanken. Wenn möglich, sollte Ihr Programm also etwas Sport oder eine andere Art der körperlichen Betätigung umfassen. Selbst oder gerade wenn Sie kein besonders aktiver Typ sind und eine Abneigung gegen jede Art von organisiertem Sport haben, sollten Sie sich eine Bewegungsart suchen, die Sie mit Freunden oder Kollegen gemeinsam ausführen können. Das braucht kein Basketballteam zu sein; Kegeln oder regelmäßige Spaziergänge mit Gleichgesinnten bewirken bereits viel, indem sie die Endorphinausschüttung ankurbeln, die Laune verbessern und helfen, den eigenen Horizont zu erweitern.

Zwei Kriterien Körperliche Betätigung erfrischt den Geist ebenso wie die Gegenwart positiver Freunde. Versuchen Sie, beides miteinander zu verbinden.

TIPP **Es ist ebenso wichtig, die richtige Unterstützung zu finden, wie die richtige Menge davon zu bekommen.**

Blicken Sie nach vorn

Sie haben sich auf den Weg gemacht und erste Veränderungen umgesetzt. Mit wachsendem Selbstvertrauen weitet sich auch Ihr Horizont. Es ist an der Zeit, dass Sie sich eine Vorstellung davon machen, wie sich diese langfristigen Ziele anfühlen, sobald Sie sie erreicht haben.

Arbeiten Sie an sich selbst

Dass Sie versuchen, gewohnte Verhaltensweisen infrage zu stellen, bedeutet nicht, dass Sie sich zu Dingen zwingen müssen, die Ihnen widerstreben. Berücksichtigen Sie bei Ihren Zukunftsplänen Lernerfahrungen aus der Vergangenheit und bereits bewährte Methoden. Arbeiten Sie mit Ihren Stärken und nicht gegen sie: Manche Menschen erkunden das Umfeld ihres Zieles, bevor sie sich dorthin auf den Weg machen. Andere lassen sich lieber von einem Coach leiten. Wieder andere ziehen es vor, den Weg allein zurückzulegen – aber mit regelmäßigem Feedback von Freunden und Kollegen. Erstellen Sie einen Plan, der zu Ihnen passt – mit kurz-, mittel- und langfristigen Zielen –, entscheiden Sie sich für eine Arbeitsweise, und verfolgen Sie Ihre Ziele dann konsequent.

> **Vergessen Sie während eines Bergaufstiegs nicht, die Landschaft zu genießen.**

Genießen Sie Ihre Reise

Gönnen Sie sich die Zeit, Zwischenerfolge auf dem Weg zu Ihren Zielen auszukosten. Konzentrieren Sie sich auf das ersehnte Endresultat – ohne dabei zu vergessen, den Weg dorthin zu genießen. Wenn Ihr Ziel eine Beförderung ist, sollten Sie die kleinen Schritte (eine gelungene Präsentation, ein Kompliment vom CEO), die Sie dorthin führen, um ihrer selbst willen feiern. Die zusätzliche Selbstsicherheit spielt für die Lebensqualität eine wichtige Rolle; profitieren Sie davon, sobald sich die Gelegenheit bietet. Betrachten Sie die Zukunft mit offenem, optimistischem Blick, und sagen Sie sich stets, dass die Zukunft noch besser sein wird als die Gegenwart.

Visualisieren Sie Ihren Erfolg

Um sich auf die Zukunft zu konzentrieren, müssen Sie eine Vorstellung von Ihrem veränderten Ich entwickeln. Visualisierung hilft, eine Brücke zwischen dem gegenwärtigen und dem zukünftigen Ich zu schlagen und mit der Veränderung positive Gedanken und Gefühle zu assoziieren.

Zuerst müssen Sie sich entspannen:

- Setzen Sie sich auf einen bequemen Stuhl, oder legen Sie sich auf ein Bett, den Kopf auf ein Kissen gestützt.
- Atmen Sie mehrmals tief und langsam ein und aus.
- Spannen Sie die Muskelgruppen Ihres Körpers (Arme und Hände, Schultern, Nacken, Gesicht, Bauch, Beine und Füße) einzeln an und lockern Sie sie wieder.
- Während Sie ausatmen, wird der Körper immer schwerer und entspannter.

Wenn Sie vollkommen entspannt sind, visualisieren Sie sich selbst als Helden Ihres eigenen Films. Gestalten Sie die Vorstellung so lebendig wie möglich. Verwenden Sie auf Ihrer imaginären Leinwand ein Maximum an Kontrasten und Farben.

- Betrachten Sie Ihr altes Ich, wie es all die Dinge tut, die Sie normalerweise tun und denken.

Beobachten Sie sich einen Augenblick. Stellen Sie jetzt eine zweite Leinwand auf. Projizieren Sie darauf Ihr neues Ich, das so ist, wie Sie sein wollen. Fragen Sie sich:

- Was werde ich tun?
- Welche Menschen werden um mich sein?
- Wie werde ich aussehen und wie werde ich mich fühlen?

Sehen Sie, wie das Bild immer größer wird und in Richtung Zukunft entschwebt. Sagen Sie sich: »So wird es sein.« Wachen Sie langsam auf und wiederholen Sie diese Übung täglich vor dem Schlafengehen.

Jeder Mensch sollte nach dem Maximum dessen streben, was er gerade noch erreichen kann.

Aristoteles

Register

Bildnachweis

Der Verlag dankt den nachfolgend Genannten für die freundliche Erteilung der Abdruckgenehmigung.

Abkürzungen: (M) = Mitte, (r) = rechts, (l) = links, (u) = unten, (o) = oben

1: Holger Winkler/zefa/Corbis (l), Reg Charity/Corbis (M), Stephen Toner/Getty (r); **2:** Johannes Kroemer/Getty; **3:** Adrian Turner (o), Creatas/Photolibrary.com (M), Adrian Turner (u); **5:** Peter Cade/ Iconica/Getty; **7:** Eric Wessman/Iconica/Getty; **8:** Alt-6/Alamy (l), Ericka McConnell/The Image Bank/Getty (Ml), Ghislain und Marie David de Lossy/Getty (Mr), Jim Craigmyle/Corbis (r); **13:** Imagestate; **17:** Randy Faris/Corbis; **21:** Adrian Turner; **23:** Ericka McConnell/The Image Bank/Getty; **27:** Creatas/Photolibrary.com; **28:** Holger Winkler/ zefa/Corbis; **33:** Rommel/Masterfile; **37:** Adrian Weinbrecht/Taxi/ Getty; **55:** Matthias Clamer/Getty; **57:** Comstock Premium/Alamy; **67:** Brad Wilson/Iconica/Getty; **69:** Butch Martin/Getty; **73:** Chabruken/Taxi/Getty; **75:** Stephen Toner/Stone/Getty; **87:** Reg Charity/Corbis; **93:** Ghislain und Marie David de Lossy/Getty; **97:** Chuck Elliott/The Image Bank/Getty; **101:** Adrian Turner; **106:** Jim Craigmyle/Corbis; **109:** Eric Wessman/Iconica/Getty; **111:** Colin Hawkins/Getty.

Alle anderen Abbildungen: © Dorling Kindersley.
Vgl. auch www.dkimages.com

Danksagungen

Zwei Bücher waren besonders hilfreich für die Vorarbeiten zu dem vorliegenden Titel: *Das Mind-Map-Buch* von Tony Buzan (2005) und *The One* von William F. Harley Jr. (2002).

Die Autorin

ROS TAYLOR arbeitete als leitende klinische Psychologin im staatlichen britischen Gesundheitsdienst, bevor sie sich im Jahr 1981 der Unternehmensberatung zuwandte. Sie schreibt regelmäßig für Fernsehen und Radio und hat zu ihrer BBC2-Dokumentarserie »Confidence Lab« zwei Begleitbücher veröffentlicht. Der *Independent on Sunday* bezeichnete sie als eine der zehn wichtigsten Life Coachs in Großbritannien.